日に新たに

北尾吉孝
Yoshitaka Kitao
SBIホールディングス代表取締役執行役員社長

経済界

日に新たに

はじめに——人間学を学び、天に判断を委ねる

▼眠れない程悩まない生き方を

『企業家倶楽部』15年10月号に「リラックスもトップの条件」というある大学教授の記事がありましたが、その中で「売り上げが大幅に落ちてどうしようと思った時にも私は寝ましたねぇ」というジャパネットたかた創業者の髙田明さんの言葉、および「私も楽天的な性格なのか、とにかく眠れないということは一日もなかったですね」というエイチ・アイ・エス創業者の澤田秀雄さんの言葉が紹介されていました。

私に言わせれば「リラックスもトップの条件」というよりも、「健康維持のための努力をする」ということが、その条件の一つだろうと思っています。社員そしてその家族の将来は、トップの双肩にかかっています。健康でなければ、その重責は果たせません。

私も色々な判断業務に毎日追われ、多忙を極めている身です。それだけに時々の判断間違いを如何に最小に抑えて行くかを日々考えており、そのためやはり一つは眠りにこだわるということが大事だと思います。

森鷗外いわく「人間は二時間寝れば沢山だ」ということですが、流石に二時間で十分とは私には思えません。脳の働き具合や健康維持という観点から科学的に考えても、やはり二時間と言わず人間は適度な睡眠をとり身体を休めた方が絶対に良いと思います。また「ナポレオン、エジソンは四時間しか眠らなかったという説」もあるようで、私自身も四時間半程度の睡眠です。私などは、何時に寝ても大体四時間ぐらい経つと目が覚めるのですが、それは長年の習慣になっていて熟睡できているようです。

健康維持のため徹底して睡眠にこだわり、その密度を上げるといった場合、まず第一に眠れない程悩まない生き方をして行くことが必要です。

私は常々ストレスは余り感じませんが、それはずっと人間学を勉強し続けてきたからだとも思っています。ただし仮にそうした生き方をしていても時に、事が非常に重大で寝られないこともありましょう。そうしたケースでは単純に、睡眠導入剤を飲んで効率よく眠れれば、それで良いのだろうと思います。

▼「任天」「任運」の考え方

根本的には上記の通り、眠れない程悩むこと自体を止めなければなりません。そのためには、「天に任せる」「運に任せる」ということだと思います。私自身あらゆる判断に当たってこれまでずっと、「任天・任運」という考え方をしてきました。何か上手く行かないことがあったとしても、「これは天がその方が良いと判断してくれたことだから、くよくよする必要なし」と考えるのです。これは、人生を良き方に向かわせてくれる大切な考え方だと思います。「人事を尽くして天命を待つ」という言葉がありますが、人の人たる所以の道を貫き自分のやるべきことを精一杯やった上で天の判断に委ねる、という考え方が重要なのです。

『論語』の「顔淵第十二の五」に、「死生《しせい》命あり、富貴《ふうき》天に在り…生きるか死ぬかは運命によって定められ、富むか偉くなるかは天の配剤である」という子夏の言葉があります。「福禄寿」は誰もが望むところですが、所詮人知人力の及ぶ所ではありません。物事が自分の希望通りに進んだならば、「天の助けだ。有り難い」と謙虚になって感謝の念を抱き、逆に思うような結果が得られなければ、「失敗ではない。この方がむしろベターなんだ」と考えれば良いのです。如何なる結果になろうとも最終的には、それが自分の天命だと思い、天に任せるべきなのです。

これで、誰かを恨んだりすることもなければ、誰かに責任転嫁するような情けない真似をすることもありません。天がそれで良いと判断してもたらされた結果であり導いてくれた方向だと思えば納得でき、余計なストレスを溜めずして常に前向きに行動できるのです。こうして天にその全責任をある意味押し付けて生きたらば、気がぐっと楽になり寝られなくなることも段々となくなるのではないでしょうか。

▼自分のミッションは何か

天の存在については、認める人もいれば認めない人もいるでしょう。私は育ってきた家庭環境の影響もあって、幼い頃から天の存在を自然と信じていました。長じて中国古典に親しむようになってからは、天の存在を確信するようになりました。この地球上には食物連鎖という絶妙なバランスの中で、様々な生物がそれぞれに生を育んでいます。また日が昇り朝が来て日が沈み夜が来る、というサイクルが何億年・何十億年と繰り返されていきます。こうした類を単なる自然現象と捉える人もいるでしょうが、私はそこに絶対者の働きがあるものと考えています。

中国古典の碩学である安岡正篤先生も御著書『易学入門』の中で、「古代人はまづ天の無限なる偉大さに感じた。やがて、その測ることもできない創造変化の作用を見た。そしてだんだんその造化の中に複雑微妙な関係（数《すう》）があること、それは違《たが》ふことのできない厳しいもの（法則・命令）であり、これに率《したが》ひ、これに服してゆかねば、生きてゆけないもの（道・理）であることを知つた」と述べておられます。

こうした考えを持った古代人の一人が孔子であって、孔子は『論語』でも「君子に三畏《さんい》あり。天命を畏《おそ》れ、大人《たいじん》を畏れ、聖人の言を畏る。小人は天命を知らずして畏れず、大人に狎《な》れ、聖人の言を侮る」（季氏第十六の八）と言い、天を畏れ敬っていたのです。この「おそれ」にも幾つかの漢字があって、「恐れ（こわがる気持ち）」や「畏れ（敬い、かしこまる気持ち）」等とそれぞれ少しずつ違ったニュアンスを含んでいるわけですが、何れにしてもこのような気持ちを我々が抱く場合、何か絶対的なものがあり、その力が自身の力の限界を遥かに超えているという認識を有しています。

天そのものの存在を認めないがため、天も天命も畏れることはないと言う人もいますが、我々が生きているこの現実世界では想像を遥かに超える現象が実際起きています。そうであれば、起きた物事に一喜一憂して神経をすり減らすのは、余りにも愚かなことと言えましょう。晴れていようが嵐であろうが、「自分が天から与えられたミッションは何だろう」と思いを巡らせ、毎日を一生懸命に生きるのです。そして日々精進を続ける中で我々はある日、自分の天命にふっと気付くことが出来るものです。

以上は2015年10月19日の私のブログ（「北尾吉孝日記」）で『天に任せる』と題して、中国古典にある「天を畏れる」思想について記したものです。私はこのブログ「北尾吉孝日記」を2007年4月12日から書き続けています。今年の4月で満9年となりましたが、日記の内容も色々な分野に拡大していますし、現在ではFacebookでも公開しています。

本書は2015年10月から2016年8月までのブログから抜粋し再構成したもので、基本的に原文通りとしました。このブログ本は、2008年9月に上梓した第1巻『時局を洞察する』から数えて9巻目にあたります（第2巻『窮すればすなわち変ず』、第3巻『活眼を開く』、第4巻『時務を識る』、第5巻『先哲に学ぶ』、第6巻『時弊を匡正す』、第7巻『人生を維新す』、第8巻『自修自得す』）。

今回は特に「人生」に対する洞察とともに、現代で重要と考える「人間学」、「人物学」について、中国古典や東西の古典、歴史書から学んだ考えを中心に編集しています。

本書のタイトルは『日に新たに』としました。この言葉は修己治人《しゅうこちじん》の学とされる『大学』から採ったものです。『大学』の伝二章に「湯《とう》の盤《ばん》の銘《めい》に曰《いわ》く、苟《まこと》に日に新《あら》たに、日日に新たに、また日に新たなり」とあります。夏《か》の桀王《けつおう》を滅ぼして殷王朝を創始した湯王は洗面の器に右記の言葉を刻みつけ、毎朝自戒したと言われています。

「新」という漢字の字義について触れたいと思いますが、この字を分解すると「辛」、「木」「斤（斧）」の三つから成っています。従って「辛抱して木を斧で削り、有用なものを創り出す」というのが原義です。この「新」の原義から、変化創造して行くという意味が出てくるのです。考えてみれば、宇宙の本質は安岡正篤先生が言われているように「絶えざる創造変化活動であり、進行である」わけですから、前記の『大学』の言葉は、「宇宙万物運行の原則であり、したがって人間世界を律する大原則」と言えましょう。

我々は、この「日に新たに」を肝に銘じ、昨日より今日、今日より明日と絶えず新たなる創造を繰り返し、常に自己革新を心掛け、良き方向に進んで行かねばならないのです。

本書が読者の皆様のこうした自己革新の一助になれば、幸甚の至りであります。

２０１６年10月吉日

北尾吉孝

日に新たに＊目次

第3章　仕事の楽しさ、面白さ

第4章　偉大な人物に学ぶ

第5章　学びと教育について

第6章　政治の在り方を考える

第7章　企業と投資の世界を見る

第8章　折々に思索する

装丁／岡孝治　編集協力／エディット・セブン

第1章　人生を考える

人生とは？

（2016年3月9日）

▼多逢勝因で人生は転回する

人生ということでは、様々な偉人が色々な言い方をしています。例えば、アルベルト・アインシュタインは「人生とは自転車のようなものだ。倒れないようにするには走らなければならない」と形容していますし、また昨日のブログで御紹介したビル・ゲイツさんであれば「人生とは、一つの大きなセミナーだ」と言われています。あるいは、ヘレン・ケラーは「人生とは、興奮に満ちている仕事のこと。最も興奮するのは、他人の為に生きるとき」との言葉を残しているようです。それぞれ一面正しい人生論だと思います。「人生とは？」と聞かれれば、それ程違った答えがあるわけです。

さて、この人生というものに関しては、アイルランド出身の作家オスカー・ワイルドのように「人生は複雑じゃない」と言う人もいれば、芥川龍之介のように「人生は常に複雑である」とその逆を言う人もいます。私は、人間社会を上回る複雑系は存在しないとの認識です。従って「人生とは？」と問われれば、複雑怪奇なものだと答えます。

現代人は、歴史や伝統といった形で過去からも様々受け継いで生きています。そして現在を生きる中では今起こる環境変化に色々と左右され、また将来見通しは各人それぞれに違っているのが実態です。これが複雑怪奇極まる人間社会というものでありま す。

同様に経済についても、所詮分かるものではありません。だから経済学者が百人いれば百様の考え方があると言っても過言ではない位、実際何が真理かは誰にも分からないような世界なのです。

人間社会とはこの経済でも組織でも様々な事柄が絡み合った複雑系であって、理論の類で簡単に割り切れないとは3年前のブログ『人間学と哲学・歴史学・経済学』等々でも指摘し続けてきた通りです。

上記複雑系においては、割り切りの知、すなわち劃然《かくぜん》たる知では何も解決し得ず、また判断を間違うことにもなるわけで、簡単に割り切って行く知では人と人との繋がりで成り立つ社会を上手く渡って行けないということです。

最後に安岡正篤先生の御著書『東洋人物学』より次の言葉を紹介しておきます。

人間はできるだけいい機会、いい場所、いい人、いい書物、そういうものにバッタリ出くわすことを考えなければならない。これを『多逢勝因』という。（中略）なんでも結構、とにかくあらゆるいい機会、いい出逢いに何か勝因を結んでもらいたい。人生というものはそういうことから始まる。ばったりだれかに出逢った、偶然、何かの問題にぶつかった、そういうところから人生は転回する。

（2016年5月2日）

人生の五福と三福

▼努力して天命を全うする

『書経』の「洪範《こうはん》」に「五福」という言葉があります。これは、寿命の長いこと、財力の豊かなこと、無病息災であること、徳を好むこと、天命を全うすること、という人としての五つの幸福を指して言います。

この第四番目、徳を好むことを幸福だとするのは、正に無欲で己を磨くことだけに一生を費やし短命で死した顔回の人生の如きを言うものでしょう。彼は「路地裏に住み、食事も一椀の飯に一杯の水といった簡素なもの」（雍也第六の十一）でありながら、それを自ら楽しんでいたというのです。

顔回は31歳頃と若くしてその生を終えたものの、彼にとっては仁者としての生き方に幸福を得ていたのかもしれません。彼のように自己満足できたなら、好徳が幸せということにもなるわけです。従って徳を好むことが幸福であるとは、極めて主観的なものだと思います。

ただし、好徳であるとは結局、徳ある人か否かを見分けることにも繋がりますし、良き人と巡り合うことが出来、幸せになれるのかもしれません。「徳は孤《こ》ならず。必ず隣《となり》あり（徳性の高い人の周りには同じように徳性の高い人が集まり、決して孤独になることはない）」（里仁第四の二十五）という孔子の言の通り、徳を好むことが良縁に巡り合うことに繋がるわけです。

それから第五番目、天命を全うすることが出来たらば、ある意味最高の幸せだと思います。私は人それぞれに天役、換言すれば天が与えたこの地上におけるミッション、即ち「天命」を持って生まれていると考えています。

自分に与えられた天命をちゃんと認識し、それを果たしたと思ってこの世を去れる人は本当に幸せな人だと思います。しかし、そう出来る人はそうざらにはいないでしょう。晴れ晴れとした人生を送って命を終えたいと思うならば、自分自身に打ち克って自分の天命を全うすべく必死で努力しなければなりません。それは言葉で言う程簡単ではありません。こつこつと時間を掛け、努力し続ける必要がある難事です。

また第三番目の無病息災であることですが、人間どこかで死ぬよう出来ているものですから、これも極めて難しいことだと考えます。死ぬその時までは健康でいたいということで、ポックリ寺まである程、突然死を望む人が多いのが現実です。

一般の人は基本的に、中国の道教で理想とされる「福禄寿」で十分幸せだと思います。これは、幸運と子孫に恵まれること、金銭に恵まれること、長生きすること、という三つの幸福を指して言います。誰しもが福禄寿を望むところですが、この三福ですら所詮人知人力の及ぶ所ではありません。正に『論語』にあるように「死生命あり、富貴天に在り」です。

目標・努力・自信・成長

（2016年2月12日）

▼目標は高過ぎてもダメ

脳神経研究で世界的に著名な医学者で第16代京大総長を務められた平澤興さん（1900年—1989年）は、「最善の努力をするについて第一に大切なことは、その目的を明らかにすることであります。一体目的は何かと」と言われているようです。

努力をして何をしたいかがなければ、誰も努力することはないでしょう。「無駄な努力」という言葉もありますが、目的なしに努力してみても徒労に終わることが殆どでしょう。やはり何か自分自身で目標または理想を掲げ、その目標・理想に近づけようと努力する時に、大きなことが成し遂げられたり真に社会に役立つことが出来るのだと思います。

例えば、業績を上げようと何時も悪戦苦闘している沢山のサラリーマンも、ある意味立派な努力を傾けていると言えましょう。それは本人自らが理想実現に向けて目標を掲げるケースもあるでしょうが、通常はそこまでは行かないものだと思います。

会社でいうと「売上目標ナンボ」「利益目標ナンボ」といった具合に、どちらかというと会社で上司が、そうした数字的目標を部下に与え、それに向けて全員が頑張るというのが通常の姿でしょう。

では、そうした目標の与え方について考えましょう。野村證券時代、私自身が営業チームを率いていた時に、目標を部下に対して常に与えてきました。それは時として度肝を抜くようなものでありました。

目標の与え方で私は韓非が言うように、「形」と「名」が同じになるやり方が一番良いと思っています。それは「形（実績）」と「名（目標）」が同じになる「形名参同《けいめいさんどう》」の目標設定であって、目標が余りに低過ぎると簡単に目標を超えてしまい駄目です。

人間ギリギリの時にこそ知恵が様々出てくるもので、あらゆる知恵と工夫を振り絞り必死になって努力に努力を重ねた結果、何とかギリギリで達成できる目標こそがベストだと思います。そうやって目標を設定し挑戦し続ける中で、段々と誰も見たことのない高みへと到達することが出来るのではないでしょうか。

だからと言って〝目標〟は高くし過ぎてもダメなんです。必死に頑張っても、その目標に届かなければどうなりますか？部下は何て理不尽な目標かと思ったり、諦めたり、挫折感を味わうでしょう。それは目標の設定ミスなんです。頑張れば何とか手が届くところに目標を設定すれば、ずっと諦めないでいられるのです。私はそういう設定の仕方が一番大事だと思います。

▼本物の自信が大きな絵を描く

さて、こうした初め無理だと思っていた目標に到達できるようになった時、そこに自信が生まれるのです。この自信をつけることに成功すれば、次に困難に直面しても「きっとまた次の壁も乗り越えられる」と、気持ちが揺らがないようになり、より大きな目標を達成して行く原動力になるのです。

もっとも目標達成の後、全体の数字に関しては一度全てを御破算にした上で新たなる目標が与えられることになるのですが、数字がどんどん大きくなるに従って勿論そこには戦略・戦術といった様々な知恵・工夫・汗といったものが必要になるわけです。

大切なのは苦労を厭わないこと、何が起こってもピンチだとは思わないことです。私自身これまで『詩経』の小雅《しょうが》・小旻《しょうびん》にある詩の一節、「戦々兢々として、深淵に臨むが如く、薄氷を履むが如」き体験を何度もしてきました。

それを潜り抜けてきたからこそ、自信がついたのだと思います。自信とは自らに対する信頼であり、困難を克服できた時に初めて本物になるものです。「艱難汝を玉にす」という言葉もありますが、本物の自信を得たいと思うならば、敢えて困難な仕事を自ら買って出るのが一番でしょう。

自信がついてきますと、より大きなスケールで物事が考えられるようになってきます。ちっぽけな世界に生きている人は、ちっぽけな世界でしか物事を考えられないのです。これは「井の中の蛙《かわず》大海を知らず」という格言にある通りです。

自らへの信が大きくなり、世界はこんなにも広いものかと知れば知る程、未来へ向けた大きな絵（ビックピクチャー）を描けるようになってきます。これは考え方の問題かもしれませんが、このような考え方を習慣づけているならば、大局的な見方も段々と出来てくるのではないかと思います。

成長する人というのは、成功しても次の目標設定を行って、新しき何かに常に挑戦しようとしています。何時も新しい目標があり、それに挑戦しクリアする気持ちがあるわけです。決して、己の現在のレベルに満足することはありません。だから、どんどんと伸びて行くのです。

「つとめても　なおつとめても　つとめても　つとめたらぬは　つとめなりけり」という

道歌があります。努力を止めれば、成長はそこで止まります。常に努力しチャレンジし続ける姿勢を持つことが大事なのです。そうして努力し続けることが出来る人を社会は評価するのです。

（2016年3月14日）

逝《ゆ》く者は斯《か》くの如きか

▼惜陰《せきいん》の大切さ

『論語』の「子罕《しかん》第九の十七」に、「逝く者は斯くの如きか。昼夜を舎《お》かず…ああ、過ぎていくものはこういうものか、昼夜をおかず休まずに流れていくな」とあります。

この言は孔子がある時、川のほとりに佇《たたず》んで水の流れを見ながら発したものです。これに関しては「孔子も、老齢になって時の流れが早く感じたから、時間は川の水の流れのように休むことなく去るものだと歎息されたのでは」との解釈が一般的です。孔子が否応なしに老いて行く自分を見つめたということも一面あると思います。

しかし、私見を申し上げればこの言葉は、「孔子も、老齢になって時の流れが早く感じたから」といった如きニュアンスだけではないように感じます。なぜなら孔子にとっては、そうした類は言わずもがなだと思うからです。

そしてまた、孔子は時が過ぎ去って行くスピードも非常に早いという認識を常々持っていたと思います。孔子は常に時間を非常に惜しんだ生活をしてきたのではないかと思うのです。一日24時間一年３６５日、誰にも皆平等に与えられているこの時間がどれ程貴重なものであるかを、孔子は深く理解していたというわけです。

そして、更には時間を惜しむ、即ち惜陰という事と併せて、孔子は天命を果たし、世のため人のために出来るだけ長く貢献したいとの思いから、自分の身体を大切にして健康で長生きしようと努めてもきました。

『論語』の「郷党第十の八」の食に関する短い句を例に見ても、「魚《うお》の餒《あさ》れて肉の敗れたるは食らわず…臭いのする魚や腐った肉は食べない」や「色《いろ》の悪しきは食らわず。臭《におい》の悪しきは食らわず…色が悪く、悪臭のするものも食べない」等々と、孔子が食というものに如何に慎重であったかを窺い知ることが出来ましょう。

中国においては「医食同源」で、伝統的に医（健康維持管理）と食（食べ物）を密接に関連付けてきました。上記章句には、当たり前の事柄が様々に書かれています。それだけの神経を使っていたからか、孔子は73歳まで生きることが出来ました。当時としてこれは信じられない位の長生きです。

孔子は人間の生命の有限性と時間というものの怖さ、延いては惜陰の大切さを分かり切っていたと思います。シェークスピアのソネットのテーマにも、「時間はすべてを食いつくす」というフレーズがあります。これは古今東西の先哲の共通認識とも言えましょう。『論語』のように書かれた物、そして古典として残った物は永遠の生命を持ち続けるのです。

（2016年5月11日）

誠とは？

▼己を尽くすに極まる

西郷南洲公の次の言葉、「至誠の域は、まず慎独より手を下すべし。閑居《かんきょ》は即ち慎独の場所なり」とは、前回のブログ『凡か非凡か』の結語で御紹介しました。西郷は、慎独が誠意・誠実・至誠といった域に達する為の非常に大事な修業になる、と言っています。

誠とは、換言すれば信と義を併せたものとも言えなくないです。私はこれが如何に大事かを、これまでも当ブログ等で幾度となく指摘してきました。例えば『中庸』では、「誠は天の道なり。これを誠にするは、人の道なり」と厳《おごそ》かに説かれています。

あるいは、孟子は「至誠天に通ず…真心を大切にして誠実に事を実行すれば、その気持ちが天に通じ、よい結果が得られる」と言っています。至誠とは新渡戸稲造博士曰く、「広びろとして深厚であり、しかも、はるかな未来にわたって限りがない性質をもっている。そして意識的に動かすことなく相手を変化させ、また意識的に働きかけることなく、みずから目的を達成する力をもっている」とのことであります。

かつて、私は「今日の森信三（35）」で「誠に至るのは、何よりもまず自分の仕事に全力を挙げて打ちこむということです。すなわち全身心を提げて、それに投入する以外にはないでしょう。かくして誠とは、畢竟するに『己を尽くす』という一事に極まるとも言えるわけです」とツイートしました。

森先生は更に、吉田松陰先生の「至誠にして動かざるものは未だこれあらざるなり」という言葉を挙げられて、自分の全てを投げ出して行く必死の歩みがあってこそ誠は真の力となると言われています。この「自分の全てを投げ出して行く」という姿勢は、志を立てるということとも関係してきます。

森先生は『修身教授録』の中で、志というものにつき触れられて次のように述べられています。「人間はいかに生きるべきであるか、人生をいかに生き貫くべきであるかという一般的真理を、自分自身の上に落として来て、この二度とない人生を、いかに生きるかという根本目標を打ち立てることによって、初めて私達の真の人生は始まると思うのです。このように私は、志を打ち立てるところに、学問の根本眼目があると信じるものです」。

志を立てるところから我々の人生は始まるというわけです。そして、その志は「二度とない人生を、いかに生きるかという根本目標」となるものです。それだけに志を立てることは、生半可な問題ではありません。志を立て誠を真の力とするのです。

壮心已《や》まず

（2016年3月7日）

▼老年相応の気魄《きはく》を

ゲーテの言葉に「年をとることは、何の秘術でもない。老年に堪えることは、秘術である」というのがあります。

人間誰しも皆公平に一年一年、年を取って行きます。少なくとも肉体的には、確実に衰えて行くものです。しかし精神的には、必ずしもそうではありません。

私に言わせれば「老年に堪える」というのでなしに、そうした精神的な若さを如何に保って行くかが大事だと思います。

それは一つに心の持ち方であり、もう一つは努力の仕方に拠るものです。50代では50代の、60代では60代の、80代なら80代の生き方を模索して行くことが出来るのです。

曹操が言うような「壮心已まず」の気魄に満ちた気持ちを、何時までも持ち続けている人は現に多数おられるわけです。

片一方で、例えば吉田松陰先生はその遺書『留魂録』の中で「人間にも、それに相応しい春夏秋冬があると言える」と言われています。

「四時の序、功を成す者は去る」と司馬遷も言うように、春には春の役割が、夏には夏の本分があります。

それぞれの季節が自分の役割を終えて静かに去って行くが如く、私は人間もその役割を終えて移り行くものだと考えています。

あるいは「功成り名遂げて身退くは天の道なり」と老子は言います。退くとは、それぞれが今向き合っている仕事を離れて、それぞれなりにまた新たにやるべき別の仕事があるということです。

例えばビル・ゲイツさんのように、08年にマイクロソフトの第一線を退かれ２０００年創設のビル&メリンダ・ゲイツ財団を通じて、より社会性を強めた新たな仕事に取り組まれている方もおられます。

人間、年を取れば取る程に、その時節相応の形で「壮心已まず」の気魄を持ち続け、生を全うして行かねばならないと思います。

第2章　修めるべきは人間学である

人間力の磨き方

（２０１６年４月１日）

▼人間力の源泉は五常《ごじょう》

大和ハウス工業代表取締役会長兼ＣＥＯの樋口武男さんは『「人間力」を磨く五訓』として、「一、自己益を忘れ、会社益を想え」「二、嫌な事実、悪い情報を包み隠さず報告せよ」「三、勇気をもって、意見具申せよ」「四、自分の仕事に非《あら》ずというなかれ　自分の仕事であるといって争え」「五、決定が下ったら従い、命令はただちに実行せよ」を挙げておられます。

これらは言わば、一般企業での人間力の磨き方であろうかと思います。人間勿論その殆どの時間は働いているわけですから、仕事を通じて人間力を磨いて行くのが一番ありがちなことですし実際そうすべきだと私は思います。

人間力の磨き方と言った場合、会社組織では上司・部下あるいは御客様・御取引様といった関係においてなされるのではないかと思います。では、自分一人で一生懸命陶磁器の制作活動をしている人は何を以て人間力を磨くというのでしょうか。自分一人でと言っても師弟関係もあるかもしれません。

　また、誰かに制作物を評価して貰い、場合によってはある値段で売却するということがありましょう。従ってそれは評価する鑑定士、最終顧客、あるいは卸等との関係において自分を磨いて行く機会を見出し得ると思います。

　もっとも、会社勤めをする前にそれまでの体験・知見により人間力はある程度決まっています。そもそも人間力の源とは何なのでしょうか。孔子を始祖《しそ》とする儒学では人間力を高めるために「五常」をバランス良く磨くべしとして、大きく言ってこの五常が基本的に人間力の源泉になっていると考えられます。

　五常とは「仁：他を思いやる心情」「義：人間の行動に対する筋道」「礼：集団で生活を行うために、お互いが協調し調和する秩序のこと」「智：人間がよりよい生活をするために出すべき智慧」「信：集団生活において常に変わることのない不変の原則」の五つを言います。詳しくは、拙著『君子を目指せ小人になるな』（致知出版社）にも書きました。

　更にこの五点は、対人関係に関するものである「信」と、自分の人格（人徳）を磨くことに関わる四常（仁・義・礼・智）に分けられます。儒教では「修己治人…己を修めて人を治む」を実現すべく五常が大事だとされ、それぞれにレベルが高いことを以て徳が高い人物だとされています。

ではそれをどうやって鍛えるかと言いますと、一つは時空を越えて精神の糧《かて》となるような古典を中心とした良書を深く読み込んで、自分で私淑する人を得、その人を出来る限り吸収して行くということです。

そして自分自身を鍛え、築き上げて行くのは自分以外にないという強い意志と覚悟を有し、仁・義・礼・智・信という五点で以て、自分自身を良き方向に変えるべく必死に努力し続け、結果として人間力が鍛えられることになるのです。

先述の通り、私淑する人物やその人の著作から虚心坦懐《きょしんたんかい》に教えを乞うと共に、片方で毎日の社会生活の中で事上磨錬《じじょうまれん》し、その学びを実践して行くのです。先達より学んだ事柄を日常生活で日々知行合一《ちこうごういつ》的に練って行く中で初めて、人間力は醸成されて行くものだと思います。

良書は人生に三度読みなさい

（２０１６年７月１日）

▼感動の『修身教授録』体験

小生は今週火曜日、経済情報番組「モーニングサテライト」の「リーダーの栞《しおり》」というコーナーに出演し、森信三先生の『修身教授録』（致知出版社）を御紹介しました。当日リツイートしておいた通り、その後に当該書がAmazon本ランキングにて24時間で、１８４３位→１位に急浮上したようです。

私は上記コーナーで実際に、付箋を張り捲ったり線を引き捲ったりしている本そのものを見せ、ある面で迫力を持って熱っぽくその偉大さを語りました。それが多少なりとも影響しての「急上昇」かもしれません。少なくとも私宛に送られてくるメール等から察するに、「北尾さんが魂を揺り動かされる位の感動を受けた本なら、私も読んでみようか」と思われた方が結構いたということでしょう。

『修身教授録』とは、森先生が40代前半に天王寺師範学校の「修身科」で講義された内容を生徒が筆記したもので、人生のあらゆる課題がテーマ毎に記されているものです。人間ある年齢になったらば、己の半生を振り返り、「今後どういう生き方をして行けば良いか」と、皆悩む時期があると思います。誰しもが自分の〝来《こ》し方行く末〟に思い巡らせて、「人間としての生き方」を反省する時が必ずあるはずです。

今回御紹介した本が、そうした反省も込めて人間としての生き方を学びたいといった視聴者の思いに、ある意味合致したのかもしれません。そういう意味では似たような話に森先生は、「良書は人生に三度読みなさい」と言っておられます。『修身教授録』もまた、青年・立志・晩年という人生の岐路のタイミングで読むべき書だと思います。

学生時代に読んだとしても、深いところまでは理解できないかもしれません。しかし多感な時期に、人間や物事の本質的な考えに触れておくことは非常に大切です。また30代・40代になれば、それなりの経験も積んでいます。誰が出世したとか給料が幾らとかと、そうした類をチマチマ考えるのでなく、「人間とは何か」といった大きな問題を考えることが、その後の人生をプラスに変えて行くでしょう。

私自身、長年の研究テーマは「人間とは何か」「人間、如何に生くべきか」ということで、これまでずっと中国古典を中心に様々な書物を渉猟《しょうりょう》してきました。こうした事柄は何千年もの昔から洋の東西を問わず、偉大なる哲人達が考え抜いてきた究極のテーマです。

そして晩年60歳を過ぎて第二・第三の人生を考える年齢にあっても、今一度『修身教授録』を読み直しながら、来し方を反省しつつ行く末に思いを馳《は》せるべきです。

人生には、そういうタイミングが三度位はあるはずです。今回そういう時期に当たった人の多くが、「北尾さんがあれだけ御推奨になられ、あれだけ読み込まれている本は、きっと良い本に違いない。ならば直ぐに読んでみよう」と、思われたのかもしれません。

森先生にしても孔子にしても、あるいは安岡正篤先生にしても、その思想は今日まで語り継がれ、読み継がれて共感を得ているものであります。私自身、魂が打ち震えるような感動を覚え、同時に自身の未熟さを思い知らされた森先生の『修身教授録』には必ずや、何時の時代に誰が読んでも感銘する部分があると確信しています。

人間の成長

（2015年10月27日）

▼下坐《げざ》行による自修自得

『致知』2015年11月号の中で「人間は自分の得にならないことをやらなければ成長できない」という、イエローハット創業者・鍵山秀三郎さんの言葉が紹介されていました。この「得にならないこと」が何を指して言われたものか、率直に申し上げて私にはよく分かりません。

人間の成長には基本、あらゆる行為がその糧となり得、そこに必ず結び付くものだと私は思っています。自分の得になったことで成長できないとも思いませんし、自分の得にならないことをやったことで必ず成長するとも思いません。もっとも、得にならないことで大いに成長に役立つことととして下坐行があります。

森信三先生は「たとえその人が、いかに才知才能に優れた人であっても、またどれほど人物の立派な人であっても、下坐を行じた経験を持たない人ですと、どこか保証しきれない危なっかしさの付きまとうのを、免れないように思うのです」と述べておられます。

また、森先生は「ご不浄の中に落ちている紙屑の類を拾って、それを容器の中へ入れておくとか、さらには人の粗相《そそう》をした跡を、人知れず浄めておくとか、すべて人目に立たぬところで——なるべく人に気付かれないように——善行を積むということ」が、「『報いを求めぬ』境涯《きょうがい》にいたる一つの方法」とも言われています。

「下坐行」とは元来「下座」ということで、一般の人々より下位につくことです。即ち、自分の身を他人よりも一段低い位置に置くことを言います。そうした下がった位置に身を置き、その地位に安んじて我が身の修行に励むことを下坐行というのです。

この下坐行は「情念の浄化」のため役立つと、森先生は言われています。私自身も、世の中で本来あるべき自分の地位等を全て捨て、自分自身の立場を一段下に落とした所で物事をやってみることで、自らの傲慢になる心・驕慢《きょうまん》になる心を浄化できるのではと考えています。

ある意味人間が陥り易いそうした側面を下坐に行じ、己を清めて行く中で自らを高めて行くということです。自修自得すべく自分自身をどう磨き成長して行くかという点で、「ゴミを拾って歩きます」「便所掃除をして歩きます」といった形で、下坐行の世界に身を置くことは確かに大変意味があることだと思います。

▼人間の成長は損得勘定ではない

それからもう一つ、人間としての成長ということでは、そもそも損得勘定を持つこと自体をやめた方が良いでしょう。人間、如何ともし難い理由で嫌なことをやらねばならぬ状況は、必ずどこかであるものです。

大多数が全くやりたくないと思っているにもかかわらず、その大多数が無理矢理やらされている端的な例の一つが戦争です。戦地で危うい所に身を置きたいと思う人は誰もいません。誰一人として特攻隊のパイロットになりたいとも思いません。

しかしそれが嫌であったとしても命令に従わねばならない境涯に置かれ、祖国のため同朋のため、やらねばならぬと言って、多くの人がその尊い命を落としてしまったという歴史があるのです。

国家というものが誕生して以来、人類は国家我（言わば国のエゴ）の類をずっと持ち続けてきたわけです。国家の場合は個人の場合より情念を浄化するは難しく、結局行き着く所は浄化された個々人がどれだけ増えるかでしかありません。

そういう意味では、ある種の組織我というものが個人の我を超越する中で、やりたくないことをやらされることもあるというのが現実です。これはやらされている本人が、何らかの損得勘定に基づいてやっているわけではありません。

では、それが人間の成長にとってプラスに作用するかと言ってみれば、戦争体験という大きな意味では結果として、「戦争ほど悲惨なものはない」ということを悟る人が結構います。しかし、同じ悲劇を繰り返すというのが人類の歴史の一側面であり、戦争などは人間の精神性が如何に進歩して行かないかを表す一つの典型例と言えましょう。

毎年8・15を前にして日本では多くの人が、「こんな馬鹿なことは二度とすべきでない」と不戦の誓いを掲げて祈り、多数の犠牲者に哀悼の誠を捧げるは、ある意味人間としての成長だと私は捉えています。

人間の成長とは、物事の損得で考えるような性質の類ではないのです。人間の行うあらゆることに無駄がないとするならば、その全てが人間の成長に繋がるという意味で無駄がないのだと思います。

為せば成る　為さねば成らぬ

（2016年1月29日）

▼努力・誠実さ・粘り

「4年に1日のオリンピックにピークを合わせられるか。負けたらもう4年後しか取り返せない。日常には感じられないプレッシャー、不安、孤独と向き合う。何とかなるとか、楽しんでやろうとか、そういう甘い世界じゃない」。これは五輪3連覇を成し遂げられた柔道家、野村忠宏さんの言葉です。

この「新年、澤さんらの勝負強さにあやかりたい」というタイトルの記事が日経新聞にありました。上記野村さんや澤穂希さん、イチロー選手の言葉には「『ここ一番』で力を発揮するための秘訣がある」として「競技は違っても、勝ちきる人たちには共通の〝スタンス〟といったものがある」と書かれています。

言うまでもなく「勝ちきる人たち」には、自分が掲げた目標に向かって様々なものを犠牲にしながら、唯ひたすらに突き進んで行くということもあるでしょうし、またやはり例外なく、運にも非常に恵まれるということもあるのではないでしょうか。

かねてより当ブログでも度々述べてきた通り、この運を呼び寄せるものとして、私は「努力」「誠実さ」「粘り」の3つが取り分け重要だと考えています。そういう意味で勝負強い人とは一つに、何事も簡単に諦めない粘りある人を言うのだろうと思います。

いわゆる「勝負強さ」と言った時、特別な何かがそこにあるかの如く錯覚する人が多くいます。私はそうでなくて、最初から最後まで最大限の努力を継続して、諦めることなく戦い抜ける人こそが、結果において「あの人、勝負強いなぁ」と言われるのではと思っています。

最後の最後に一頑張り・一粘り出来るか否かで、運を呼び寄せ勝利できるかどうかが決するケースは結構あります。最後の最後まで必死になって何とかしようと粘り強く挑戦し続けることが出来るならば、結局チャンスを掴めることにもなるかもしれないわけで、最終的には成果を出して、勝負強い人と言われる可能性があるというふうに思います。

別の言葉で述べますと、この粘りとは、ある意味での「しつこさ」だと私は捉えています。日常的にもしつこさを有しているがゆえ、それが最後の粘りに繋がって行く部分もありましょう。上杉鷹山の言葉を借りて言うならば、最後の最後までやり抜く粘り、「為せば成る　為さねば成らぬ」の気概というものが非常に大事だと思います。

養生とは？

（２０１６年４月25日）

▼四要《しよう》への疑問

仕事でも人生でも有意義に過ごすためには、健康であることが大前提です。心身が健康であって初めて、充実した仕事が出来ます。そういう意識を常に持つことは、良い仕事をするための絶対条件と言って良いでしょう。取り分けリーダーは、気力・体力・知力が充実していなければなりません。そうでないと直観力も働かず、的確な判断も下せません。

直観を発揮するに、気力・体力・知力が常に充実していなくてはなりません。その一番の根本になるのは、健全な精神と健康な体です。これがグラついていたならば、直観は働きません。体が不調であれば、精神も不調になります。その逆も然りです。正に心と体は一つのものです。何時も健全な状態に保つことが非常に大切なのです。

東洋には「心身不二《しんしんふに》」、「心身一如《しんしんいちにょ》」という考え方があります。それ即ち、心と体を一体として見る考え方のことであります。心の病に対して、西洋医学であれば「この睡眠導入剤を飲んで睡眠時間を増やしなさい」というような対処療法に尽きますが、東洋医学の世界では心と体を一緒に治すという考え方をするわけです。

江戸中期に綴られた元祖〝健康本〟とも言われる貝原益軒《かいばらえきけん》が83歳で著した『養生訓』を見てみても、例えば「心を平らかに、まめに手足を働かすべし」「心は楽しむべし、苦しむべからず。身は労すべし、やすめ過すべからず」と教えているように、当該書の神髄は正にこの心身不二、心身一如という考え方にあるのです。

かつて当ブログでは「養生は　ただ働くに　しくはなし　流るる水の　くさらぬを見よ」という道歌を御紹介したこともありますが、この養生ということで益軒は「四要」を挙げています。それは①「怒りを少なくする」、②「考え込む時間を少なくする」、③「言葉を少なくする」、④「嗜欲《しよく》（欲するままにしたいと思う心）を少なくする」ということです。

私として①「怒りを少なくする」③「言葉を少なくする」④「嗜欲を少なくする」は当たり前の話ですが、②「考え込む時間を少なくする」は少しクエスチョンマークが付くものです。例えば一昔前、脳細胞は増えて行かないと考えられていました。しかし実際は、脳細胞だってどんどん新陳代謝をして行くということが分かっています。

更には、考え込まねば、あるいは考えるということ自体なければ、人間は呆けてしまうでしょう。貝原益軒の言は何も呆けなさいと推奨しているわけでなく（笑）、呆けても良いから生きておけといった話ではありません。

益軒の生涯を見るに、彼自身呆けるどころか平均寿命50歳の時代に83歳で『養生訓』を書き、翌年亡くなるまで、虫歯が１本もなく、夫婦で旅行をし、生涯１００冊もの本を書いたとも言われているのです。

では何ゆえ益軒が「考え込む時間を少なくする」というふうに述べたかと推測しますと、我々もそうですが、考え込んだらば頭が興奮して寝られなくなることがあるからでしょう。従って唯一は、睡眠時間が減ることを危惧した言葉ではないかと思います。ですから寝る前には余り考え込むようなことはしないことです。

（２０１６年5月18日）

己に厳しく人に寛大に

▼子を持つ母親が手本

『小学』の中に、次の范忠宣公《はんちゅうせんこう》の戒めの言葉があります。「爾曹《なんぢがともがら》但《ただ》常に人を責むるの心を以て己を責め、己を恕するの心もて人を恕せば、聖賢の地位に到らざるを患《うれ》へず」。ある種の性《さが》かもしれませんが、人間とは常に自分を責めるに寛大過ぎて自分を褒めるに寛容過ぎる、というところがありがちです。本来は己に厳しく人に優しくするのが、正しい生き方だということです。

これは極々当たり前の話ですが、中々そう出来る人はいないのです。むしろ、己に寛容で人に対して厳格というのが、これまでの人間社会の一般的風潮でありましょう。その中で「聖賢」と呼ばれるような人物は、そうした境地を解脱して人を利するところまで行くというわけです。これはもう修養を積む以外にない道だと思います。

ではそれが偉人に限ったものかと言えば、必ずしもそうではないように思います。その手本として一つには、自分よりも子供をと常に、ある種の犠牲的精神を発揮する母親に見出せましょう。

勿論、昨今これだけ児童虐待が広がっているわけですから、そうでないケースも当然あります。ただし母親というものは本来、上記した精神的要素を有するもので、それゆえそこに範を求められると思います。

例えば、他人の子供がぴいぴいぴいぴいと泣いたり喚《わめ》いたりしている状況に遭遇したと仮定します。その時子育て経験のある夫婦は基本、頭にくることなく理解を示すことでしょう。逆に子育て経験の無い夫婦の多くは、それを見て直ぐに「ウルサイなぁ」というふうな感じになってしまうものです。

自ら子供を育てることによって、ある種の寛容や忍耐あるいは自己犠牲といったものが、養われて行くわけです。子を持たない人がそうした類を身に付けようとしたらば、3～4倍の努力が必要とされましょう。

『徒然草』の中にも「恩愛の道ならでは、かかる者の心に慈悲ありなんや。孝養の心なき者も、子持ちてこそ、親の志は思ひ知るなれ」という言葉があります。恩愛の情とは「子持ちてこそ」出て来たりするものです。

あるいは孟子の言う「惻隠《そくいん》の情」、つまり「子供が井戸に落ちそうになっていれば、危ないと思わず手を差し延べたり助けに行こうとする」人としての忍びずの気持ち・心があります。この惻隠の情についても必ずしもそうではないかもしれませんが、どちらかというと子供を持っている方が強いように私には思われます。

上記の通り、子を授かり育てることで様々修養を積める部分があります。子供がいないのであれば何倍もの修養を積み重ねないと、「聖賢」には中々近付いては行けません。

（2016年6月15日）

人を怒る時

▼怒るにも作法あり

『文藝春秋』創設者で小説家の菊池寛さんは、「人を怒る時は、先に悪い方を言って後に良い方を言え」と述べられています。これは当たり前の話で、この順番以外には有り得ません。

人を怒るということは基本、その人の何かが悪いから怒るわけで、まずは何ゆえ怒っているのかその理由をクリアに示さねばなりません。怒った結果、プラスに働かず、むしろマイナスに働くのであれば、怒ってみても仕方がないかもしれません。怒っている理由が怒られている方に理解され、納得が得られるよう丁寧に伝えねばなりません。様々な言い方を用いて工夫しながら、説明することも大切です。

また怒ったらそれで御仕舞ではなしに、今後二度と同じような問題が生じぬよう、よく念押しをすることも求められます。また念押しした後は、何時までもぐずぐず言ってみても仕方がないわけで、その話はこれを以てストップとしなければなりません。

3年前の10月『怒るべきタイミングで、怒るべき内容を、怒るべき方法で怒る』と題したブログを書きましたので、御興味がある方は読んでみてください。

それから怒る前には、本当に怒りを向けるべきものか否かを自分で相当考えねばなりません。言うまでもなく自分が間違っているケースも有り得るわけで、そこの所がピンぼけにならないよう注意することも大事です。

また「義憤…道義に外れたこと、不公正なことに対する憤《いきどお》り」という言葉がありますが、正義や大義が踏《ふ》み躙《にじ》られたことに対して怒る人もいれば、そうした類とは無関係に私的な事柄で怒るような人も多数います。

後者は、自分の好き嫌いや主義・流儀に反するといったことで怒りの感情が生じます。それはやはり、修養を以て直して行かねばなりません。他方で義憤による怒りは、時として持たねばいけないものだと思います。

最後にもう一つ、怒る時は人前であろうが何であろうが、怒る方が良いと私は考えています。出来たら人前で怒った方が良いのではとさえ思います。なぜその方が良いかと言いますと、怒る内容そのものの明確な理由を他の人にも、分からせる機会となるからです。「周りの見ている前で怒ったら、面子が潰れるから駄目だ」とか「人前でなく、こそこそと怒る方が良い」と言う人もいますが、上記の通り余計なことは考えずに怒るべきをまず怒り、その後きれいさっぱり何事もなかったようにするのがベターでしょう。

冒頭挙げた菊池寛さんの言葉に還れば、何も怒るタイミングで「後に良い方を言え」というよりも、むしろ人の良い所は良いと認めた時にタイムリーにそれを伝えれば良いわけです。「後に良い方を言え」といった、取って付けたような態度を示す必要はありません。

ただし怒るべきを怒るとしても、その人が翌日まで落ち込まないよう、フォローしてやることはあっても良いかもしれません。

人間としての成功

（２０１６年７月８日）

▼世俗的成功より人間として一流に

松下幸之助さんは御著書『人間としての成功』で、「天分を十二分に発揮できるところに人間として生きる深い喜び、生きがいが生まれてくるのだと思う」と述べておられます。松下さんは「人間には二つの生命力がある」と言われ、その一つに生物として当然持っている「生きようとする力」、そしてもう一つに「使命を示す力」を挙げておられます。

後者は人間ならではのもので自分に与えられた使命、あるいは天分・天役・天命といったものを示す力が与えられていると言われるのです。自分が天から与えられた使命を自覚し、その使命を果たそうという努力と、それによる成果こそが人間として価値があることではないでしょうか。

世俗的な成功を以て人を偉いとする傾向や、世俗的な「失敗者」を駄目な人だとする傾向は昔からあります。また一昨年３月のブログでも御紹介した「一貫《いっき》一賎《いっせん》、交情乃《すなわ》ち見《あらわ》る」ということも、現実に多く見られます。

我々はまず、世俗的成功を以て人が偉いと判断することを止めなければと思います。人の偉さとは、「人間としての生き方」で判断されるべきことです。富や地位を得るといった世俗的な成功は本当の成功とは言わないのです。

『論語』の「顔淵第十二の五」に「死生命あり、富貴天に在り…生きるか死ぬかは運命によって定められ、富むか偉くなるかは天の配剤である」という子夏の言があります。天道は時として非情かもしれませんが、死生も富貴も天の配剤です。

「楽天知命…天を楽しみ命を知る、故に憂えず」（『易経』）と言いますが、やはり自分の天命を自覚し心の平安を得て、ゆっくりと天を楽しむといった姿勢で生きることが、人間的な成功をもたらす上で大事だと言えましょう。

また「人の命は棺蓋《かんおお》うて後に定む」と言われますが、人間としての成功あるいは真価は棺に入って初めて問われるべきものです。棺桶に入る手前になって、「あぁ、自分の人生これで良かった。自ら天命を果たすべく頑張った」という思いでこの世を去れたらば、それは本当に幸せなことでしょう。

あるいは、残念ながら力及ばずして自分の天命を果たせなかった場合でも、その志を次代へと志念を共有している者に引き継いでこの世を去れたらば、それはそれでまた幸せなことでしょう。

昨今、色々な意味で難しい時代になったと観じます。リーダーの在り方も企業経営も、そして一人の人間としての生き方・心の持ち方も、もう一度その在り方を問い直すべき時に来ているのではと思います。

良い点数を取って良い学校へ進み、良い会社に就職できたとしても、それは必ずしも「人間としての優等生」であるわけではありません。それは今日、高学歴の人間達が起こす様々な不祥事の類を見れば明らかです。

松下さんも言われる通り人間としての優等生になるとは、つまり「自分を素直に生かすというか、自分のもっている素質、性格というものを素直に生かしてゆける人になるということ」です。

勉強が幾ら出来たとしても、人間的に未熟であっては意味がありません。人生における成功と世俗的な成功は無関係であるとの認識を持ち、人間として一流になるべく天よりの啓示を得るその日に備え、日々努力して行くことが大事だと思います。

人間の価値とは？

（2016年8月9日）

▼大事な場面で如何に動くか

人間の価値ということでは、様々な偉人が色々な言い方をしています。例えば、アルベルト・アインシュタインは「人の価値とは、その人が得たものではなく、その人が与えたもので測られる」と形容し、森信三先生であれば「いざ出処進退の問題となると、平生見えなかったその人の真価がむき出しになってくる」と言われています。

あるいは、安岡正篤先生は「人間の真価はなんでもない小事に現われる」というふうに言われ、河合栄治郎先生は「人間の真実の価値は、なさねばならぬことをきちんとするところにある」との言葉を残されています。

河合先生が述べられているように、要は「その人が大事な場面では、何らかの動きをするのか、依然として何もしないのかで人物がわかる」わけで、これに関し私もある意味同感です。私は1年前『何のために生まれてきたのか』というブログ冒頭で、戦国武将・島津義弘が残したとされる、いわゆる「薩摩の教え」を御紹介しました。

それは、「一、何かに挑戦し、成功した者」「二、何かに挑戦し、失敗した者」「三、自ら挑戦しなかったが、挑戦した人の手助けをした者」「四、何もしなかった者」「五、何もせず批判だけしている者」を人間の序列とするものです。

島津公が挙げている通りの順番で正に、最低最悪なのが「何もせず批判だけしている者」です。一人前のことを言う人に限って、何もしない人は意外に多くいるように感じます。人間の価値とは、何か事が起こった時の行動にある、ということは間違いありません。同じような意味では、『論語』の中にも「歳《とし》寒くして、然《しか》る後に松柏《しょうはく》の凋《しぼ》むに後《おく》ることを知る」（子罕第九の二十九）とあります。孔子は「冬の厳しい寒さになって、初めて松や柏が枯れないことが分かる。人間もまた大事に遭遇してはじめて、その真価が分かる」と言われています。

あるいは『論語』の「為政第二の二十四」には、「義を見て為ざるは、勇なきなり」という孔子の言もあります。正義のため・大義のため当然行うべきことと知りながら、それを実行しないのは人間的無価値の臆病者だということです。

人間の真の値打ち

（２０１５年10月15日）

▼人のために生きる

「人間の真の値打ちは、その人がどこまで『人のお世話』が出来るかどうか、という一事に帰するともいえよう」。森信三先生は、そのように述べておられます。私も全くその通りだと思っています。

人間はこの世に生まれた人間としての役割、他の動物にはない「人間性」というものを天から受けています。これは人間には人間としての生き方や役割があるということで、即ち天が人間に使命（ミッション）を負わせこの世に送り出したということです。

天は人間を自分の分身だとしていると言っても過言でなく、人間はこの世を良き方に向かわせるべく存在し、更に人間は死んでも、この世の進歩発展の永続化のための遺産を残すことも含め、世のため人のため生きるようにすべく天意を受けているのだと思います。

人間は、死すべきものとしてこの世に生まれています。それゆえこの世に生ある間、それなりの仕事をして行かねばなりません。その仕事とは言うまでもなく、己の私利私欲のためではありません。

人間は基本的に今この時代、自分と共にこの地球上で生きている誰か、あるいはそうした複数人のプラスになることを本来使命として背負っており、それを成就させることが結果としてその人間の生き甲斐になって行くのだと思います。

従ってその人の使命に応じて、果たすべき対象というものに違いはあります。安岡正篤先生も「人間において棄人、棄てる人間なんているものではない」と言われている通り、「天に棄物なし」全ての人の「人生に無駄なし」です。

この世に生ある限り世のため人のためとなるような志を立て、その志を遂げるべくそれぞれの人がそれぞれの形で粉骨砕身生きて行くべきなのです。現代では平均寿命も延び、年老いてなお、体力も充実している人は数多くなっています。

しかしながら精々人生の賞味期限はというと、多分30年から40年位でそれ程長くはありません。この僅かな間にどうしてもやり遂げなければならない天命があるわけで、そうでなければ棺桶に入る時やり残したという気持ちが出てくるのではと思います。

▼最後までやり遂げる

人間みな生まれた時から棺桶に向かって走っており、そして人生は二度ないわけです。世にお金を惜しむ人は沢山いる一方、時間を惜しむ人が少ないのはなぜでしょうか。一たび過ぎ去った時間は二度と取り戻し得ない、大変貴重なものであります。

『論語』の中にも「倦《う》むこと無かれ」（子路第十三の一）とあるように、我々は途中で諦めたりせず、決心した事柄は最後までやり遂げる、という強い意志を持たなければなりません。

そして、この孔子の言とも関連したことで我々は「惜陰」という気持ちを持つべきです。正にこの一時一時を大切にし寸暇を惜しんで行かねばなりません。凡そ、この世にあるものの全ては何時の日か必ず朽ち行くわけで、はかないがゆえ時間を大切にするということが非常に大事になるのです。

曾子《そうし》は「士は以て弘毅《こうき》ならざるべからず。任重くして道遠し。仁以て己が任と為す。亦《また》重からずや。死して後已む、亦遠からずや」（泰伯第八の七）、つまり「学徒たる者は度量があって、意志が強く、毅然《きぜん》としていなくてはならず、責任重大で道は遠い。仁道を推し進めるのが自らの責務であり、この任務は重大である。死んで初めて終わるとは、何と道程は遠いことではないか！」と言っています。

正に「任重くして道遠し」ということで人道を極めて多くの人を感化し、この社会をより良くして行く責任というのは本当に重いものです。「これでもう自分は思い残すことなく世のため人のため十分やり切った！」と私自身、心底納得してこの世を去れたらばどれ程幸せかと考えています。

（２０１６年６月17日）

親子は一世《いっせ》、夫婦は二世《にせ》

▼孝の気持ちを持つこと

「人は三つの恩義を受けて育つ。親と師と君である。それぞれの恩義は極まりないが、とりわけ他にまさるは親の恩である」。ケネディ大統領も尊敬した米沢藩主の上杉鷹山公は、こう述べたと言われています。

また、あらゆる道徳の基本は孝に出発すると『孝経』の中にも書いてあります。親に対する恩は、それだけ深いものがあるわけです。私はかつて『孝は百行の本』（14年11月27

日）と題したブログを書いたことがあります。御興味がある方は是非読んでみてください。

昨年11月に上梓したブログ本第8弾『自修自得す』の「はじめに」では、このブログをピックアップして掲載すると共に、仏教の『父母恩重経《ぶもおんじゅうきょう》』の中にもお釈迦様の御説法の一部とされているものがあり、現代語訳で御紹介しておきました。

お釈迦様は父母の恩徳につき、十種あるとされておられます。これを読まれたらば、父母の恩がどこまでも深く重く限りないものだ、と良く御分りになるでしょう。

このように「とりわけ他にまさるは親の恩」だと言われるわけですが、たまたまこの間私はある人の結婚の披露宴で「親子は一世」「夫婦は二世」までを取り上げ話をしてきました。

国語辞書を見ますとそれぞれ、「親子の関係は、この世だけのものであるということ」「夫婦の関係は、現世だけでなく来世まで続くということ」と書かれています。

仏教では本来親子の縁は一世代、現世だけに関わっているものであるのに対し、夫婦の縁は現世と来世、あるいは前世と現世のどちらかに関わっているものだとされています。

そういう意味では、国語辞典は正しくありません。

更にもう一つ、実は「主従は三世《さんぜ》…主従の間柄には、現在だけでなく過去・未来にもわたる最も深い因縁があるものだということ」というのがあります。

君主との縁は極めて深いものだということで、これは封建的な時代の産物かと思います。ですから敢えて私は上記結婚式では、夫婦二世までの話にとどめたわけです。

では、別れた夫婦のケースは如何に考えれば良いでしょうか。私の解釈として、どちらかというとそれは前世との因縁が強く、そしてまた再婚したらば、それは来世との因縁が強い人と結ばれたのだと考えています。

昔の封建時代には、君主との縁は三世とまで言われて極まりなく深いものと考えられていたのに対し、親子は現世だけの縁としてむしろ最も限られた中で考えられていたのです。

このように縁ということだけで見れば、親子の縁が一番強いというわけではありません。しかし道徳の基にたるものが何かと言えば、その親子の関係から醸成されて行くものであります。孝の気持ちを持つことは、非常に大事なことなのです。

第3章　仕事の楽しさ、面白さ

徳は事業の基《もとい》なり

（2015年12月28日）

▼世のため人のため

『論語』の「雍也第六の十四」に、「行《ゆ》くに径《こみち》に由《よ》らず」とあります。これは澹台滅明《たんだいめつめい》という人物を孔子の弟子である子游《しゆう》が評した言葉ですが、「彼は歩く時に近道をしない」というわけです。一般的にこの言は「王道を歩む」というふうに解釈されています。

つまりはこれと目標を定めたら、唯ひたすら真っ直ぐに大道を進んで行けば良いのです。「近道しよう」とか「寄り道しよう」とかと、考える必要はありません。事業とは正に、そういうものだと私は考えています。

事業としての長期的な継続発展を期すならば、製品やサービスが短期的に売れるといったことでなく、「時流に乗る」ということが大変重要だと思います。時流に乗れる一つの業を見つけたらば、後は自分の道を貫き進んで行くのみで、王道を歩むことが非常に大事だと思います。

『論語』にはまた、「政《まつりごと》とは正《せい》なり」（顔淵第十二の十七）という言葉もあります。これは経営の一番の基本です。政治の要諦が正しきをやることであれば、経営の要諦も正しきをやることでなくてはなりません。

『菜根譚』の中には、「徳は事業の基なり。未だ基固《かた》からずして棟宇《とうう》の堅久なる者有らず」とあります。これも正論です。事業を発展させる基礎は徳であり、この基礎が不安定では建物が堅固では有り得ない、と説くわけです。

事業とは「徳業」でなければ、長期的には存続し得ません。一時的に利益が出て発展したとしても長い目で見て、社会のため顧客のためになっていなければ、事業として継続発展することは出来ないのです。

会社を取り巻くステークホルダー（利害関係者）は、株主以外にも様々存在しています。顧客、取引先、従業員、そして社会そのものもそうでしょう。「社会なくして企業なく、企業なくして社会なし」――即ち、企業とは社会にあって初めて存在できるものであり、社会から離れては存在できないのです。

また、企業も社会の重要な構成要素であり、企業なくして豊かな社会の建設は難しいと言えます。あの東電福島原発事故を例に見ても、企業と地域社会が如何に密接に結び付いているかが、非常に良く分かりましょう。それゆえ一たび大事故が起こったらば、地域社会に大きな犠牲を強いることになってしまうわけです。

経営者は世のため人のためという志を抱き、そして本当に世のため人のためになる製品やサービスの提供あるいは利便性の向上等に、真摯に取り組まなくてはなりません。不正をやっていたならば、幾らそれを隠そうとも何時かは明らかになるものです。今年で言えば「マンション傾斜」や「東芝粉飾」の類は正に、『老子』にある「天網恢恢疎《てんもうかいかいそ》にして漏らさず」を実感させてくれました。

▼「義」と「利」を考える

会社は会社法に則って作られるものですが、「法人」というように「人」という字が付いていています。漢字には全て意味がありますから、「人」が付くのは会社も人と同じだということです。人に人徳というものが必要とされるが如く、法人にもそういう徳性（私は社徳と名付けています）が必要とされるのです。

「君子は義に喩《さと》り、小人《しょうじん》は利に喩る…物事を処理するにあたって、君子の頭にまず浮かぶのは、自分の行動が正義にかなっているかどうかということであり、小人の考えることは、まず損得である」（里仁第四の十六）と言いますが、徳なき事業・利に基づく事業すなわち

「利業」だけでは会社は必ず潰れます。

中国古典の多くの書に、「義」と「利」ということが述べられています。例えば『論語』でも上記の他、「利に放《よ》りて行えば、怨み多し」（里仁第四の十二）や「利を見ては義を思い」（憲問第十四の十三）等々と、この二字につき何度も触れられています。

これらの言葉は、商売をする上で常時念頭に置かねばなりません。経営をするとは、利益を追求するということですが、利益一辺倒では駄目なのです。その利益が果たして社会正義に合致しているかどうかと、常に考えなくてはなりません。

ただし、孔子は利益を否定しているわけではありません。孔子の考え方とは、「君子財を愛す。之を取るに道あり」（禅書『宗門無尽燈論』）ということです。利益を目前にした時には義を今一度考えてみて、その利を得るのが本当に正しいか否かを必ず考える習慣を身に付けるべきなのです。

ピーター・ドラッカーも「経営とは人を通じて正しいことを行うことだ」と言うように、利益は正しい行いの結果として得られねばなりません。利ばかりを追求していると、その弊害は必ず出てきます。終局、社会問題化し当該企業は破滅の道を辿るのです。

事業とは真に徳業であり、且つ時流に乗って長期に亘り顧客に便益を与え続け、同時に企業として様々なステークホルダーとの調和というものを為し得ねばなりません。経営者は私益と公益の両方をバランスよく捉え、ゴーイングコンサーン即ち永続企業として生きて行くように導く必要があるのです。

正しい道に則らねば物事は成功しないことを、稲盛和夫さんは「考え方×能力×熱意＝人生・仕事の結果」という人生の方程式に表しました。考え方が間違っていた場合、能力や熱意が大きい程マイナスが大きくなってしまいます。

だから誤った考え方の人は決して成功しない、と稲盛さんは言われているのです。これは素晴らしい方程式だと思います。仕事において成功を得るには、考え方が正しいか否かを自らに問うことが何よりも大事なことなのです。

取締役で終わる人、部課長で終わる人

（2016年1月23日）

▼小知《しょうち》と大受《たいじゅ》の違いを知る

「企業経営において重要なことは、まず、社会性を認識する。次に社会的信用を徐々に得ていく。そして最終的には、『社徳』を高めるということである。そのための努力をしてこそ、その企業は本物と認められるのである」。これは、国友隆一著『取締役になれる人部課長で終わる人〈2〉』（経済界）の中に載っている私のコメントです。当該書のタイトルで述べるならば、こう在らねば取締役になれない、というわけではないと思います。社長職に就くのはそう簡単ではないですが、取締役レベルであればある程度の人物ならば求められる素質・素養の類に必ずしも必須の条件はありません。

例えば、たまたまある派閥が存在しある人がそこに属していたところ、その派閥が社内で力を持つようになったがゆえ、取締役になれたという人もいるでしょう。あるいは、たまたま自分の上司がどんどん出世し、自分も取締役にまで引っ張り上げて貰ったという人もいるでしょう。だから取締役にはラッキーでなれた人も中にはいるように思います。取締役になることより、より重要な問題は取締役になってからの評価であり、当職としての仕事を十分に出来たか否かが問われるのです。

例えば、課長まではとんとん拍子で進んだものの今大きな壁にぶち当たっていると感じる人は、一つに自分が「小知」から「大受」への脱皮の時期にあると捉えるべきです。『論語』の「衛霊公第十五の三十四」に、「君子は小知すべからずして、大受すべし。小人は大受すべからずして、小知すべし」とあります。つまり君子は小さい仕事には向かないが、大きい仕事は任せることが出来る。小人は大きな仕事には向かないが、小さな仕事は任せることが出来るというわけです。この「大きな仕事」と「小さな仕事」は、全く性質が異なるものです。

小さな仕事が出来るからと言って大きな仕事が出来るとは限らず、大きな仕事が出来るからと言って小さな仕事が出来るとは限りません。小さな仕事で業績を上げることで評価をされてきた人は、「小さな仕事」から「大きな仕事」への転換が中々できないものです。ただし誤解しないで欲しいのですが、この小さな仕事とは詰まらぬ仕事・意味のない仕事ということではありません。そもそも事業の多くは、小さな仕事の積み重ねから成り立っているのです。

しかし管理職になってから求められるのは、逆に小さな仕事はしないことです。それは部下の仕事であり、自分の仕事ではないからです。小さな仕事に時間を取られていたら、大きく広く物事を見ることが出来なくなってしまいます。同様に部課長の時と取締役になってからとでは、組織の中で求められる役割が大きく変わってきます。取締役になったものの部課長時代と全く変わりなし、という人も結構いるように思われます。変わったことは、大言を吐き散らし威張り腐って歩いているということだけでしょうか。

取締役になって2~3年経てば、取締役としての値打ちが分かってきます。取締役になっただけでは、真にその値打ちを有する人物かどうかは疑問です。先に指摘した通り取締役になれたかどうかより、その取締役になった人物が会社の重要な意思決定や戦略策定、あるいは会社の方向性を決めるような事柄に対して、積極的かつ主体的に取締役として関わり、自分が主張したことにコミットメントすることが出来る人物か否かが重要なのです。

ビジネスの創造には、まず「夢を抱く」

（２０１６年２月８日）

▼夢なき者に成功なし

「低迷続くVAIO創業者の言葉に立ち返るべき」（15年4月3日）という見出しのBLOGOS記事では、次の言葉がその結語に用いられています。「ソニーの創業者である盛田昭夫氏は、『ビジネスには3つの創造力が必要だ』と説いた。まず『元となる技術』、次に『その技術を使ってどんな製品をつくるか』、そして最後に『つくった製品の便利さをアピールして新しい市場をつくり出すこと』」。

これに関し私見を申し上げるとすれば、まずはこの順番について「元となる技術」が第一に、次に「その技術を使ってどんな製品をつくるか」が挙げられているのは、違うのではないかと思います。

昔から「必要は発明の母」と言われますが、まずは鳥が飛んでいるのを見ては、「私もいつか空を飛んでみたい」とドリーム（dream：夢）を持つことが第一です。そこから「では、どんな技術が必要なんだ？」と必死に考えに考えた末、新しい発明発見が生まれる部分がかなりあるのではないでしょうか。

鳥が羽を一生懸命バタバタさせているのを見ては、羽を動かすようにしたら良いのではと考えてバタバタ動くものを作ってみるというわけです。そしてその後、空気抵抗を浮力として上手く利用したら良いのでは等々と考え抜き、改良に改良を重ねて行く中で、そこに航空技術が生まれ知恵が生まれてくるものだというふうに思います。

あるいは「魚はこの大きな海を自由に泳ぎ回っているのに、なぜ人間はこの小さな陸の上だけなのか。私も海に出てみたい」と夢を抱くのです。取り分け四海に囲まれた日本という島国では、そうした感が強くありましょう。

筏《いかだ》に始まって船に至るまで、その全ては技術というよりも「こういうものがあれば便利だ」「こういうものがあったらなぁ」という感情が、私は出発点ではないかと思います。

そしてその感情は、世界中の多くの人に共通のものであります。ですから、飛びたいならばグライダーを作って挑戦しようと発想したライト兄弟を例に見ても、飛行機を発明したら結果としてそれは世界的需要があるということになったのです。

これまでの人類の発明発見というのは、やはり「○○をしたい」という感情が出発点であるような気がします。そしてその必要性がゆえ、考えに考えた末ふっと閃き、それをヒントにして、また考え抜いて目標を達成して行くのです。科学のみならず、ビジネスの創造も、そうした発明発見の繰り返しによって進歩して行くものなのではないでしょうか。
最後に吉田松陰の言葉を紹介しておきます。

夢なき者に理想なし、
理想なき者に計画なし、
計画なき者に実行なし、
実行なき者に成功なし。
故に、夢なき者に成功なし。

経営のおもしろさ

（2016年7月6日）

▼我より古を作す

松下幸之助さんの御著書『道をひらく』三部作の完結編、『思うまま』の中の一篇に「経営のおもしろさ」というのがあります。普通の人であれば中々面白いというところまでは行かず、必死になって何とかしようと悪戦苦闘する中で新たなる展開が様々出て来、それが仮に上手く行ったなら「良かった、良かった」で御仕舞ということだろうと思います。経営が面白いというような境地に達せるのは、やはり松下さんだからでしょう。『論語』の「雍也第六の二十」に、「これを知る者はこれを好む者に如かず。これを好む者はこれを楽しむ者に如かず…ただ知っているだけの人はそれを好む人に及ばず、ただ好むだけの人はそれを楽しんでいる人に及ばない」という孔子の言があります。

こういう面白さや楽しさを感じることは、経営であろうが道楽であろうが何であろうが、ある意味最高の境地だと思います。しかし通常その境地にまでは、中々到達し得ないのが実情ではないでしょうか。

ただし経営の妙味（なんとも言えない味わい。醍醐味）とは、その経営者の全てが反映されたところで結果を出すということにあると言えるのかもしれません。自身の倫理的価値観、運、自分の御縁で得た色々な人脈、ある商品との巡り合い等々と、あらゆる事柄の帰結であるということです。そういう意味で勝負して上手く行ったならば、ある種面白いと感じられるのかもしれません。

上記一篇で松下さんは、次のように言われています。「自分の会社、商店をよりよいものにしたいという強い熱意をもって他社、他店を見るならば、そこに必ず一つや二つの見習うべき点が発見できるものだと思う。その長所に、みずからの創意工夫を加え、独自の新しいものを生み出してゆく」。

これは、他を真似た上でそこに改善を加えてベターなものにして行く、といった姿勢です。言うまでもなく、それはそれで勿論なければならない大事な姿勢だと思います。ただし本来そこにはもう一つ、こう在って欲しいと思うことはやはり、「自我作古…我より古を作す」ということでしょう。

他店や他社の類だけでなしに、日々新聞や歴史・哲学の本を読んでいる時にも、何かそこに閃きやヒントを得ることが出来ます。私は商売とは全く関係無さそうなところに、そういうことを感じることが結構あります。

従って私はかねてより、『歴史・哲学の重要性』（11年6月2日）を主張し続けているわけです。歴史は当然現代とは違った状況でありますが、判断の仕方を学ぶ等で非常に大事だと思っています。哲学についても同様に、新しい知恵のヒントが湧いてくることがあるわけです。

松下さんが例えば「二股ソケット（家庭内に電気の供給口が電灯用ソケット一つしかなかった時代に、電灯と電化製品を同時に使用できるようにしたもの）」を考案されたのは、改良・改善というより「自我作古」と言えるでしょう。

これは一つの新たなる発想であって、別に他所の何かを真似たわけではありません。今年2月『ビジネスの創造には、まず「夢を抱く」』と述べた通り、「こういうものがあれば便利だ」「こういうものがあったらなぁ」という感情を出発点に、松下さんは自らで新たなる物を創り出して行ったのです。

このように松下さんは「自我作古」という部分が、どちらかというと大きかった御方ではないかと思われます。「経営の妙味、おもしろさというもの」は確かに、冒頭挙げた一篇で松下さんが言われるような部分でも感じないわけではありません。しかし松下さん御自身がそうで在られたように、むしろ本当の醍醐味は「我より古を作す」ことだと思います。

（2015年12月15日）

己《おのれ》に克ちて礼に復《かえ》る

▼人間は己に甘く他人に厳しい

6年前に現役を引退された元プロテニスプレーヤー・杉山愛さんの母親で、コーチとして愛さんを実際に指導された杉山芙沙子さん曰く、「『あいつには負けたくない』と言っているうちはまだまだで、本当の『負けず嫌い』の人間というのは、相手との比較がないのでどこまでも伸びる可能性がある」ということです。

誰しも負けたくはないでしょうし、誰しもが皆勝ちたいと思い、事を上手く運ばせたいと思うのは、人それぞれ当然だと思います。負けず嫌いという場合、誰に負けたくないかというと一つは「敵国」であり、もう一つは「仮想敵国」であり、最終的には「自分自身」だと考えます。

第一に敵国に勝つには、「彼を知り己を知れば百戦危うからず」という『孫子』の世界を考えると、比較的攻略し易いかもしれません。次に仮想敵国となると、一つ難しさが加わると思います。それは、現下の敵国に対する予見と仮想の敵国に対する予見とは、その確度に違いがあるということです。

今の敵国のケースが現状分析である一方で、仮想敵国のケースではまず対象自体を自分自身で作り上げます。従って「なぜそれを敵と想定するか」「真の敵が別に居はしないか」「その仮想自体が間違ってはいないか」といった議論も有り得るので、更に難しくなるのです。

私は今から30年前の野村證券課長時代より、「野村證券を如何にして世界に冠たるインベストメントバンクにして行くか」と考え続けてきました。当時ライバルであったゴールドマン・サックスやモルガン・スタンレーを仮想敵国と見做し、「モルガンのどの部分が野村よりも上回っているか」「野村がモルガンに勝ち得るのは何においてか」等々と自分なりに分析を加え、その上で戦略・戦術を考えていたということです。

そして最後に自分自身となりますと、ある意味一番難しいのかもしれません。『論語』

の「顔淵第十二の一」に、「己に克ちて礼に復るを仁と為す」という有名な孔子の言があります。これは「克己復礼《こっきふくれい》」の元になった言葉で、孔子は「自我を没して私欲に打ち克ち、節度を守って言動の全てを礼に合致させることが仁の道だ」と教えています。

己に克つということがなぜそれ程までに難しいかと言えば、殆どの人間が己に甘く他人に厳しいからではないでしょうか。悲しいかなこれは、人間の習性とも思える一つの性なのです。だから東洋では古来より、克己を重視するのです。克己の精神がなければ、人間は強くなれません。言うまでもなくこれは仕事においても、そのまま通じる話です。

（２０１６年3月22日）

走りながら考える

▼肌感覚で情報を集める

アゴラに「走りながら考えるは愚の骨頂。停まらなくてはいけない」（16年1月8日）や「仕事は走りながら考えない。迷ったら『すぐ立止まる』」（16年1月26日）と題された記事があります。

「経営コンサルタント」の筆者曰く、「いま『走りながら考えることは無駄』だと断言することができます（中略）。日常においても、忙しく働いているときに、新しいアイデアを思いつく、なんてことはそんなにはないはず」とのことです。

本テーマで私見を申し上げれば、まず「走りながら考える」とはこの方が論じているような意味ではないように思います。例えば営業上の知恵一つをとって見ても、それは外交をやって初めて色々と湧いてくるものです。

即ち「御客様には、こういうニーズがあるのか。であれば、こういう商品に変えようか」といった具合に、肌感覚であらゆる情報（とりわけ営業情報）を集めるということです。外交がビジネスの基本であり、その外交をしなければ御話にならないということを意味していると私は思います。

当ブログではかつて『天才の特徴～「一時にパッとわかる。」ということ～』（14年3月31日）等で、大数学者アンリー・ポアンカレーの発見に対する日本が世界に誇るべき天才的数学者・岡潔氏の見解や、「アルキメデスの王冠の話」等を御紹介したことがあります。

右記ブログでは、史上天才と言われる様々な人は徹底的に考えに考えた末、しばらく当該事項から離れていたとしても、何かの拍子にある日突然それが蘇ってきてふっと閃いたりすると指摘しました。

必死になって考えに考えた挙句、疲れ果てて寝転んだ時にふっと良い知恵が湧いてくるというふうに、アイデアや閃きを得る時には、必死になって考えるという局面が必ず何処かであるはずです。そうしたプロセスを経ずして何一つ出て来ることはないのです。

繰り返しになりますが「走りながら考える」とは、走りながら実際に考えるといった類ではありません。それは営業上の知恵で言うと、御客様のニーズを把握すべく、どれ程走り回りどれ程御客様と接するかが大事かということだと私は理解しています。

（2015年12月9日）

忙中閑有り

▼閑を作り出す

「忙しい時のほうが、諸事万端うまくいく」。これは戦後、東急グループに躍進をもたらした五島昇（1916年―1989年）さんの言葉です。

忙しい時の方が諸事万端上手く行く、とは私には思えません。私の場合むしろ忙しさに感《かま》けて何もせずに、終わってしまうことが多いかと思います。

日頃「忙しい、忙しい」と言っている人程、私から見て忙しくない人が結構いるように思います。

そうした類の人達は、真に向き合うべき仕事に取り組まず、詰まらぬ仕事をやり過ぎていることとの方が多いような気もします。

「忙」という字は「心」を表す「忄」偏に「亡」と書きますが、そのような人々はある意味心を亡《な》くす方に向かっているのかもしれません。

そしていよいよそれが高じて、睡眠不足になり鬱病になることもあるわけです。だから東洋哲学では、「静」や「閑」ということを非常に大事にしています。

『三国志』の英雄・諸葛孔明は五丈原で陣没する時、息子の瞻《せん》に宛てた遺言書の中に「澹《たん》泊明志《ぱくめいし》、寧静致遠《ねいせいちえん》」という、有名な対句を認《したた》めました。

これは、「私利私欲に溺れることなく淡泊でなければ志を明らかにできない。落ち着いてゆったりした静かな気持ちでいなければ遠大な境地に到達できない」という意味です。

苛烈極まる戦争が続く日々に、そうした遠大な境地を常に保ってきた諸葛孔明らしい実に素晴らしい味わい深い言葉だと思います。

あるいは、安岡正篤先生も座右の銘にされていた「六中観《りくちゅうかん》（忙中閑有り。苦中楽有り。死中活有り。壺中天有り。意中人有り。腹中書有り）」という言葉の一つに、「忙中閑有り」とあります。

要は、どんなに忙しくとも自分で「閑」を見出すことが重要であり、静寂に心を休め瞑想に耽りながら、様々な事が起こった時に対応し得る胆力を養って行くことも必要です。

この「閑」という字は門構に「木」と書かれていますが、何ゆえ門構かと申しますと、それは門の内外で分けられることに因っています。

つまりは門を入ると庭に木立が鬱蒼《うっそう》としていて、その木立の中を通り過ぎると別世界のように落ち着いて静かで気持ちが良いということで、「閑」には「静か」という意味があります。

また都会の喧噪や雑踏、あるいは日々沸き起こる色々な雑念から逃れ守られて、静かに出来るといったことから「防ぐ」という意味もありますし、またこの字には「暇《ひま》」という意味も勿論あります。

ゆったりした静かな気持ちで心落ち着く時間を作れたら、次なる仕事に対する新しいエネルギーと共に様々なアイデアが湧いてくるかもしれません。私はかつて「休日の過ごし方」に関するブログを書いたことがあります。

ふっと落ち着いた時を得て心を癒し、短時間で遠大な境地に達し、それを一つの肥やしとして〝Think Big〟で次なるビッグピクチャーを描いて行く——私は、こうした休日を楽しみたいと思っています。

取り分け創業経営者は、朝起きてから夜寝るまで一日中ずっと頭の中が自分の会社の事柄で埋め尽くされているものです。だからこそ「閑」を意識的に作り出して行かなければ、物事を大きく考えることは出来ません。

そしてトップがビッグピクチャーをきちっと描き、統一体として組織の全一性を追求するという形にならなければ、決してその組織の大きな飛躍に繋げて行くことは出来ないと思います。

これを好む者はこれを楽しむ者に如かず

（２０１５年12月25日）

▼人生最高の境地へ

経営者の趣味ということでは、ゴルフや囲碁・将棋あるいは映画・美術の鑑賞が多数を占めていると言われています。また「伸び盛り企業の経営者」の場合では、旅行等の活動的な趣味の人気が高いとのアンケート結果もあるようです。

私は人の趣味に関して、ああだこうだとコメントすることはありません。趣味というのは、個々人それぞれの属人的なものだからです。昔はこの趣味とは少しニュアンスが違って、道楽という言葉もよく使われました。

また更に三昧を付けて、道楽三昧と言いました。いま道楽の語が見られるのは、「かに道楽」ぐらいなものでしょう（笑）。三昧に至るとは、道楽であろうが趣味であろうが、仕事であろうが何であろうが、非常に大事な境地だと思っています。

これを『論語』で言えば、「これを知る者はこれを好む者に如かず。これを好む者はこれを楽しむ者に如かず…ただ知っているだけの人はそれを好む人に及ばず、ただ好むだけの人はそれを楽しんでいる人に及ばない」（雍也第六の二十）ということです。

好きであれば良いかというとそうでもなくて、楽しむという境地に到達しているのが正に三昧の境地であり、それは生き甲斐を感じるといったことに繋がり、ある意味人生最高の境地とも言えるものです。

あるいは「好きこそ物の上手なれ」という言葉もありますが、自分として好きで上手な事と楽しんで下手な事のどちらが良いかと言った時、仮に下手であったとしても楽しめたらそれで良い、という価値観を有する人も結構いるように思います。

森信三先生も「自己の充実を覚えるのは、自分の最も得意としている事柄に対して、全我を没入して三昧の境にある時です。そしてそれは、必ずしも得意のことではなくても、一事に没入すれば、そこにおのずから一種の充実した三昧境を味わうことができるものです」と言われています。

仕事においては若くして「楽しむ」境地に入るのは、中々難しいとは思います。仕事を深く「知る」ことが出来れば仕事を「好む」段階になり得ますから、まずは与えられた仕事を素直に受け入れ、熱意と強い意志を持って一心不乱に続けて行くことが必要だと思います。

お役所仕事

（２０１５年11月7日）

▼鋭くメスを入れるべし

普通の民間企業の場合、使った資源に対する得られた成果の割合を最大化すべく、効率ということを非常に重視します。対照的にこの効率というものを全く重視していないのは、今の役所です。

国語辞書を見てみれば「形式主義に流れ、不親切で非能率的な役所の仕事振りを非難していう語」に「お役所仕事」という言葉もありますが、各種手続き等々で平気で国民を長時間にわたって待たせたりもするのです。

本来国民の血税を使っている役所こそ、迅速かつ適切な判断が出来るようにして行くためのあらゆる必要な取り組みをして行かなければなりません。予算で全てが動いて行くから各省庁は予算取りに全精力を注ぐだけで、業務自体の効率性追求には重点が置かれていないのではないでしょうか。例えば、インセンティブを与えるといった効率化のための方策を考えてみるべきです。

他方ある意味そうしたコスト意識に根差すがゆえに、今回の「欠陥マンション偽装事件」のような大問題が起こってくるリスクは高まりましょう。インセンティブプログラムを検討する場合は公明正大にコストを下げつつ、サービスレベルも落とさぬ形での貢献を評価すべきです。

毎年暮れに見られる予算消化のための道路工事のように、「またやるの？今度は何のため？」と言いたくなる時があります。官の仕事は往々にして、効率性やコストを著しく軽視した中で行われているように感じます。

事務作業についても同様で転勤が頻発する状況下、全くのど素人が次から次に一分野の担当者となり、そしてそのど素人に再度一から御進講し、その後も結論が出るのに延々と時間が掛かるといった具合です。凡そ効率性とは無縁の対応を残念ながらしています。

例えばロシアの役所は更に酷いもので、私は「共産党の名残かなぁ」と感じたりもしましたが、日本の役所ももしかしたら「いい勝負」ということかもしれません。要するに、民では通用しない話が当たり前のように官では通っているところがあるわけで、こうした事柄をずっと許し続けて行くことは、我々の血税の無駄遣い以外の何ものでもありません。

会計検査院（国会および裁判所に属さず、内閣からも独立した憲法上の機関）を例に言うならば、当該機関はそれなりの仕事をし不正摘発のために、その機能を果たしているとは思います。

しかしながら役所の事務効率に起因する問題等の摘発強化で言えば、会計検査院は何らの貢献もしていないと言えましょう。従って私は今後一刻も早く、こうした部分にも鋭いメスを入れ徹底追及して行く機関を作るべきだと思います。

▼世界の常識を意識せよ

それからもう一つ別の観点から指摘しておきますと、いわゆる「お役所仕事」を是正するに世界の常識を常時意識する必要があると思います。この日本という国では、我が国で常識だと思い込んでいる事項が世界の非常識であることが非常に多くあります。

5カ月前のブログ『いま何ゆえネット証券評議会の議長選挙立候補か』でも我国が抱える世界の非常識に関し詳述したところでありますが、日本だけの常識をグローバルスタンダードに変えて行くといった姿勢が今求められているのです。

金融行政なら世界の金融行政と比して、「日本のどこが世界の非常識なの？·それを常識的にしたら国民経済的にどうプラスが出るの？·」等々の観点から、事例検証や政策提言の実施を担うような機関も必要ではないかと思います。

言うまでもなく当該組織体は上記等の判断業務が歪められずに出来るよう、内閣総理大臣直轄で創設し全省庁より独立した形で位置付けられねばなりません。ただしその一方でそうした組織を作るとなれば、国家経費膨張に繋がらないように十分な注意が必要です。

当ブログにおいては凡そ4年半前にも、ドイツの財政学者アドルフ・ワグナーによる「国家経費膨張の原則」にも言及する形で、日本の官僚組織の肥大化を批評したことがあります。そして実は今日、中国共産党という世界最大の官僚組織がこの原則に当てはまる最たるものとなっています。

長老は長老で退任後も人事に関する投票権・指名権に対する一票を死ぬまで有し、死ぬまで退任時の地位に応じて高級邸宅を国から供与され、死ぬまで退任時の報酬・車・秘書も付いた生活が保障される――こうした信じ難いレベルの処遇が維持されているのは、投票権の一票が与えられたままになっているからです。

何れにしてもどこの国でも大なり小なり、民の世界から見れば余りに不効率・非常識である官の世界が罷《まか》り通っているわけです。最近私はそろそろ我国でも、こうした仕組みを変えて行く必要性があろうと考えています。

商売というもの

（２０１６年８月22日）

▼ニーズを読むこと

松下幸之助さんは、商売ということで様々言われています。例えば「商売とは、感動を与えることである」と言われたり、また「商売は成功できるようにできている。成功しないのは成功するようにしていないだけだ」とも言われています。

あるいは、御著書『人間としての成功』の中では「商売の使命」と題して、「やはり大事なことは、暮らしを高めるために世間が求めているものを心を込めてつくり、精いっぱいのサービスをもって提供してゆくこと、つまり、社会に奉仕してゆくということではないだろうか。（中略）そしてその使命に基づいて商売を力強く推し進めてゆくならば、いわばその報酬としておのずと適正な利益が世間から与えられてくるのだと思う」と述べておられます。

商売というものは相手のある世界ですから、相手が望むものを持って行き、結果としてその対価を貰って、そこに一種の適正利潤も含まれているわけで、これが商売の基本です。

相手が買ってくれるか否かはイコール、相手の興味を引くもの・相手が必要だと思うものを適正価格で相手にぶつけているかどうかで決まります。そうして、初めて商売というのは発生してくるわけで、相手のニーズを読むということが求められます。

世に人は多種多様でマスを対象にする商売から、極少数を対象にする商売があろうかと思います。例えば、マス対象のそれは割合在り来りなもので、生活の中で殆どの人が必要とするものを提供しており、大して難しいと感じません。

では、作ったものがどうしたら成功裏に売れるかと考えると、言うまでもなく一つには商機を狙い、それを掴むということが挙げられましょう。あるいは、同じように見えて品質に違いがあるとか、品質レベルは同じだが価格に違いがあるとか、といったこともありましょう。

そういう中で商売が出来るかどうかが、決まって行くわけです。商品の価格・クオリティ・アベイラビリティ、そして販売チャネル等々も含めて全てに気を配って行かなければ中々、商売というのは上手く行かないものです。

「自分は世間とともにあるのだ、また世間の人びとはまことに親切に自分を導いてくださるのだというような考えのもとに、お客さんなりお得意さんに接してゆくならば、商売というものは非常にしやすいものになると思う」と松下さんは言われていますが、全く同感です。しかし、そうして接して行くことが出来ない人が、意外と多くいるように感じます。ネット社会の現在では、カスタマー・サティスファクション（顧客満足度）を如何に高めるかに配慮しなければ、生き残って行けません。また、御客様のニーズも極めて多様化し、単純なマスプロダクション・マスプロモーションでは成功するのは困難になってきています。

例えば、Amazonなどでも巨大なウェアハウスを幾つも作り、品揃えを徹底して多様な顧客ニーズに備えています。また、最初からニッチなマーケットだけを狙った店も出現しています。

松下さんの時代とは隔世の感があります。しかし、松下さんが言われるように、商売の本質は相手のニーズを読むことで、それは不変だと思います。

孔子流「ダメ上司」との向き合い方

（2016年8月24日）

▼媚びずに自分を向上させる

「上司の対抗意識に翻弄されることなく成果をあげつづけるには、つぎのプレゼンの前に上司になにかちょっとした助言を求め、経験の多い上司から学ぼうとする部下として印象づける手がある」。これは、『ハーバードの人生が変わる東洋哲学——悩めるエリートを熱狂させた超人気講義』（早川書房）の中にある一文です。

この本にも書かれている通り、各職場には「要求が多いうえ、気まぐれ」で「扱いにくい上司」も勿論いるでしょう。しかし上記のやり方で媚び諂《へつら》ってみたところで、そもそも気まぐれな上司であったらば「何だ、こんなこと自分で考えたら良いじゃないか」といった具合に、逆に思ったりもするでしょう。従って筆者が挙げる「手」は、気まぐれな上司や「横柄な上司がいたらどうするか」に対する解決策になるとは、私には凡そ思えません。

『論語』の「述而第七の二十一」に、「我れ三人行えば必ず我が師を得《う》。其の善き者を択《えら》びてこれに従う。其の善からざる者にしてこれを改む」という孔子の言があります。孔子は、「三人が連れ立って行けば、必ず手本となる先生を見つけることが出来る。善いものを持っている人からは、これを積極的に学び、善くない人からは、それを見て我が身を振り返り改めることが出来るからだ」と言っています。

反面教師という言葉もありますが、悪い人を見ればまたその人からも、こういうことはすべきではない、という形で反省に繋がることにもなるでしょう。「自分も彼女と同じような欠点を持ってはいないだろうか」「自分が彼のようにならないためにはどうすれば良いのか」等と自分を振り返って見、気が付くところがあれば改めて「善からざる者も師」と割り切り「森羅万象我師」と思うようになるのです。

冒頭挙げたような問題含みの上司を得た場合、自分はそうならないよう常に自分自身を謙虚に省み、自分自身を向上させようと努める方が、媚び諂って上司の懐に入り込み良い点を付けて貰おうなどと考えるより、よっぽど重要なことだと私には思えます。詰まらぬ上司がどうこうと考えるのでなく、己が正しいと思う事柄を常時きちっと遣り上げれば、それで良いのです。

そしてまた、実際その気まぐれ上司が上司として本当に駄目かどうかについても、実は上司が間違っていると自分が勝手に思い込んでいるだけかもしれません。それゆえその辺りを自分で正しく判断できなければ、そもそもが out of the question（論外）です。そうした判断を誤らないようにするためには、それだけ自分が勉強しなければなりません。

自分がちゃんと勉強し、その上でも上司に誤りがあると思うなら、それを上司にも堂々と伝える勇気を持ったら良いでしょう。世の中には、そういう上司もいれば、まともな上司もいるわけで、何もダメ上司の言動に振り回され続ける必要は全くありません。

時として人は、上司が一人しかいないかの如く錯覚し、振る舞いがちです。しかし実際はそうではありませんし、またずっと見ている人は見てくれているわけで、まともな人も必ずいます。

そのまともな人に「あんな馬鹿な上司に媚び諂って…」というふうに見せるよりもむしろ、堂々とその馬鹿な上司に対して正論を吐いて、まともな上司からは「中々気概ある若者だなぁ」と思って貰う方が、よっぽど価値あることだと私には思えます。

第4章　偉大な人物に学ぶ

偉大な人物の偉大な思想に学ぶ

（２０１５年12月２日）

▼偉人の生き方は自分を高める

『致知』２０１５年12月号の「奇跡を生きた偉人たちの物語」と題された記事の中で、社会教育家の平光雄さんは次のように言われています。「一度心に決めたことは、何事があろうとも絶対に諦めなかったのが、偉人の偉人たる所以《ゆえん》であるということなのです。言葉を換えれば、『偉大なことをやった人というのは、心が偉大であった』と言ってもいいでしょう」。

当ブログではかつて、「無から有を生ずる人」「不可能を可能にする人」「今まで非常識だとされていたことを常識に変える人」のどれかに該当する人が偉大な人だ、という私の定義を『偉大なる常識人たれ』（14年２月21日）等で御紹介したことがあります。

あるいは『将に将たる器の人』（12年11月30日）では、対立する敵からも一目置かれ「あの人のためなら…」と敵対者の中からも協力者が現れ、そして結果を出すべく一つの合意にまとめる力を発揮できる、つまりは正反合の世界をどれだけ創ることが出来るかによって、その偉大さが定義されてくるのではと述べたこともあります。

更に、私は「偉大とは人々に方向を与えることだ」というニーチェの名言をよく引用することがあります。また5年前には、「自分の小欲に克ち、社会の為にという大欲に生きる人が偉大な人」だとツイートしたこともあります。

世の中には運だけで偉業を遂げたという人もいるかもしれませんが、そうした人は極々稀で、その殆どは多くの人間の支えを受け、社会から重用されて成功に至るものです。そして彼らの足跡を訪ねてみれば、決して私利私欲のためには生きていません。世のため人のためという気持ちを常時失わずにいる人が、結局後世に偉大な業績を残しているということです。

私は常々、英雄伝や偉人伝の類を読むよう社員等に勧めています。そうした偉人の生き方を知ることは、自分を高めるために大いに役立ち、非常に意義あることだと思うからです。

▼古典を読む意義

本当に偉大な人とは死して尚、何代にもわたって影響を及ぼせる人ではないかと思います。例えば、私が私淑する安岡正篤先生は一介の無位無官の市井《しせい》の人であり、御自身は処《しょ》士《し》（民間にあって、任官しない人）を以て任ぜられました。しかし人は、「一世の師表《しひょう》（世の人の模範・手本となる人）」「天下の木鐸《ぼくたく》（社会の指導者）」「稀代の碩学《せきがく》」等々と称したのです。

鬼籍《きせき》に入られて既に30年超が過ぎたにもかかわらず、今なお多くの人が先生御自身の著作は勿論のこと講話・講演録その他様々な関連書物を通じて、先生に親炙《しんしゃ》（親しく接してその感化を受けること）しています。偉大な人物とは正に、先生のような人を言うのであろうと思います。

同様に森信三先生にしても、その思想は今日まで語り継がれ読み継がれて、共感を得ているわけです。私自身、魂が打ち震えるような感動を覚え、同時に自身の未熟さを思い知らされた森先生の『修身教授録』には必ずや何時の時代に誰が読んでも感銘する部分があるでしょう。

先生はこの『修身教授録』の中で、「真に偉大な人というものは、人生をあらゆる角度から眺めて、自分もまたそのうちの一人にすぎないと見ていますから、その人の語る言葉は、色々な立場において悩んでいる人、苦しんでいる人々に対して、それらの人々の心の慰めとなり、その導きの光となる」と述べられています。

「真に偉大な人」とは、「自分もまた人生の苦悩の大海の裡《うち》に浮沈《ふちん》している一人にすぎないという自覚に立っている」とも森先生は言われておられます。そしてまた、「全て偉大な人というものは、優れた言葉を残されるものでありまして、それがその人の肉体は朽ち果てた後にも、いつまでも残って、心ある人々の心の中に生きる」のだとも言われています。

偉人の残した思想とは長く後世に語り継がれて行くものであります。幾ら大金を残したところで、物である限り何時かは消えて無くなります。けれども、人の生き方や思想は違います。古典を読む意味とは、そこにあると言えましょう。

▼歴史に学ぶとは人物に学ぶこと

偉大な人の偉大な生き様や思想を知ることで、我々はその時代その場所に生きていた人と同じように感化を受け、その考え方を共有することが出来るのです。大切なのは、そういった古典や伝記を読んで感激し、深く感銘して共感するということです。いつ誰が何をしたと幾ら暗記をしてみても、それが知識として頭に入って行くだけで、大した役には立たないのです。

例えば、モンゴル帝国を築き上げたチンギス・ハーンに学ぼうと考えたらば、彼が戦争に勝つため、そして統治をして行くために、どのように考え抜き他からも学んで自己進化を遂げたかを調べてみるということです。言うまでもなく、戦勝するために役立つ人材と統治するために役立つ人材は、同じではありません。

分かり易い例として徳川家康を挙げてみても、いわゆる「関ヶ原の戦い」までの家来達とそれ以後「徳川三百年」の礎《いしずえ》を創って行く家来達とは、当然ながら能力・手腕が違う人間であるべきです。即ち、「関ヶ原の戦い」までは軍略家や戦略家、腕っ節の強い人といった戦に勝ち抜くための人材が求められますが、天下平定の後には如何に国を平和裏に治め徳川政権の長期安泰を維持するか、というところに知恵を出すような人材が必要になるのです。

ですから、創業には創業の難しさがあり、守成には守成の難しさがあるわけです。状況変化に応じ、ある時点より適材の質が変わっているはずで、歴史を創り出すのは正に、生きている人間なのです。人物の生き様を年代順に並べたらば、それが年表に描かれる歴史になるだけの話です。歴史に学ぶとは人物に学ぶことであり、安岡先生の唱道される人間学そのものなのです。

凡か非凡か

（2016年5月6日）

▼不遇の中で学んだ西郷隆盛

人が凡か非凡かを判定できる機会は、解決し難い重大事が起こって初めて訪れるものだと思います。

その重大な難局における処理の仕方、つまり冷静沈着な態度で様々な角度から十分に検討し、本質を見失うことなくその難局を解決できるかどうかで、非凡か否かが分かるわけです。

安岡正篤先生の言を借りれば、「難局に当つて能く活機を知り、思いきつて旧来の惰性を破り、新態勢を執《と》ることのできるのは非凡な人物である」ということです。

従って「死活の機」に出くわすことは少ないですから、本来非凡の才を得た人物であっても世に知られないまま、凡人として過ぎて行くケースは多く見られるものです。

例えば、西郷隆盛は生涯二度の流刑に処されました。奄美大島への一度目は薩摩藩が俸禄を出していたので、実質的に島流しとは言い難いかもしれません。

しかし、徳之島・沖永良部島への二度目に関しては完全な流罪であり、衰弱しきって本当に生きるか死ぬかの状況にまで追い込まれて、歴史上から西郷隆盛という人間の存在が無くなっていても可笑しくない位でした。

他方この流刑が彼の人間というものを創る上で、大変プラスに作用したという側面もあります。彼は島流しの度、人間学の書を持参して不屈の精神を持って学び続け、不遇の境涯の中で独りを慎み、自らを鍛え抜いて大人物となったのです。

そして死活の機を得て勝海舟との会談におよび、大戦争を起こすことなく江戸無血開城へと持って行ったというのです。この決着を見るに、両者共に極めて重要な役割を演じたわけで、これなど正に非凡の極みというものであります。

もし西郷さんがそうした機に巡り合うことがなかったら、「大西郷」と言われるようにもならなかったことでしょう。人間の運命というのは、実に不思議なものだと思います。

更に、日本の国運も強かったと思います。仮に日本の国運が弱かったらば、薩長を中心とする輩と幕府軍が戦って、その隙に西洋列強が植民地化すべく日本に入り込んでいたのではないでしょうか。

そうならば現在の我国の姿は、無かったでしょう。そういう意味で、日本の国運が強かったとも言えるでしょうし、また西郷さんのような立派な人物を育て上げる風土もあったということでしょう。

最後に一言、西郷隆盛の『南洲翁遺訓』の中にある次の言葉を御紹介しておきます。

至誠の域は、先ず慎独より手を下すべし。閑居は即ち慎独の場所なり。

独りを慎み、即ち睹《み》ず聞かざる所に戒慎《かいしん》（自分を戒めて慎む）することが、己に克つ具体的修練の方法であり、それによって私心を無くし、誠の域に達することが出来るということです。

つまりは、慎独が誠意・誠実・至誠といった域に達するための非常に大事な修業になる、と西郷さんは言っておられるのです。

類い稀なるサラリーマン社長

（2016年3月17日）

▼偉大な成果を上げながら謙虚

大前研一さんは御著書『マッキンゼー ボーダレス時代の経営戦略（2015年新装版）』の中で、次の指摘を行われています。「サラリーマン型の社長に問題がある、と言うつもりはない。しかし、トップがサラリーマン化してしまうことに問題がある、と言っているのだ。オーナー型のトップのなかには本当にイノベーションに貪欲な人がいる。（中略）サラリーマン社長をオーナー型に変換する給与体系上の創意工夫があれば、かなり変わってくるということである。日本のトップは報酬は薄くても一生懸命やっている、とよく言うが、要は『何を』一生懸命やるか、その目線の高さの問題なのである」。

「創業者の言葉はなぜ残るのか」は、拙著『逆境を生き抜く名経営者、先哲の箴言《しんげん》』（朝日新聞出版）1章の冒頭にも書いておきました。日本には約170万の法人企業があり、その数だけ経営者も存在します。そうした経営者の言葉には、学ぶべき箴言もありましょう。

ただし、長い間人口に膾炙《かいしゃ》している箴言の語り手を見てみると、その殆どが創業者であります。私自身が個人的に残しているメモでも、松下幸之助さんや本田宗一郎さん等の言葉が多いです。

創業者は大抵十年以上の長きにわたり経営トップの任に当たっており、彼等の言葉は二期四年や三期六年といった任期で務めるサラリーマン社長のそれとは重みが全く異なります。誤解を恐れずに言いますと、サラリーマン社長とは自分の任期中に恙無《つつがな》く、大過なく過ぎればよしという世界でもありましょう。綿々と受け継がれてきた経営を、少なくとも任期の間は失敗せぬよう会社運営に当たるわけです。

一方で創業社長は自ら事業の種を蒔き、リスクを引き受けて汗をかくのです。また様々な経営環境の中で生き残ってきたのです。その意味で背負っている重さに随分と違いがあると思います。

では創業者という人達の基本にある精神は何かというと、それはあらゆる苦難を乗り越えて企業を創り上げるという不屈のアントレプレナーシップ、即ち起業家精神です。そうした精神を持つ経営者は、好況不況という波を前にしても動ぜず、言葉も常に長期的視野で語っているものです。

上述した拙著で取り上げた言葉は、その殆どが創業者の言葉でありサラリーマン社長のそれではありません。勿論「立派だなぁ」と思うサラリーマン社長が誰一人いないということではありません。本ブログで御一方だけ挙げるとすれば、先月のブログでも御紹介した大和ハウス工業代表取締役会長兼ＣＥＯの樋口武男さんがその御方です。

樋口さんは「凡事徹底」「現場主義」「即断即決」で、業績不振の支店・債務超過寸前のグループ会社を立て直し、１兆円企業に向けての組織改革と業績拡大を成し遂げられる等々、偉大な成果を収められた御人です。そして現在10兆円企業を目指し奮闘されておられます。

その実績にもかかわらず、樋口さんは御著書『凡事を極める─私の履歴書』等でも述べておられるように、大和ハウス工業が今日あるのも全て創業者の石橋信夫さんの御蔭だと一貫して話をされているのです。

樋口さんは唯の一度も御自身が大実業家であるような素振りを見せられたことはないように思います。そうして謙虚にそれを徹底して貫いておられる御姿等を拝見し、私は何時も「この方は何て立派なんだろう」と思っています。

最後に、上記拙著で御紹介しなかった創業社長で言いますと、例えば大型リチウムイオン電池および蓄電システムの開発・製造・販売を行っているエリーパワーのトップ、吉田博一さんも非常に偉い御方だと思います。

この御方は住友銀行（現・三井住友銀行）副頭取、住銀リース（現・三井住友ファイナンス&リース）社長・会長を歴任されて後、03年より母校の慶應義塾大学で教授をやられ御年69歳の06年9月にエリーパワーを設立されたのです。実に画期的な創意工夫で独創的蓄電池を作り上げられており、樋口さん同様この吉田さんにも常々頭が下がる思いです。

（2015年11月4日）

志とは

▼眠りから覚醒する

森信三先生いわく「志とは、これまでぼんやりと眠っていた一人の人間が、急に眼を見ひらいて起ち上がり、自己の道をあるき出すということ」です。森先生の言われるような立志の人が多くいれば、それは大変喜ばしいことでありましょう。

しかしながら今の世を見てみるに、嘆かわしきはその殆どが覚醒することなく、眠り続けているが如き状況だということです。誰が志を持って真に自分を律し最大限努力し続けて生きて行っているかと言えば、それは本当に極々僅かな人で、多くの人は安易な道を選んでいるように思われます。

例えば朝、20階のオフィスに向かうため、大型リフトに乗っていると何時も10人の内半数位がだらだらとスマートフォンを見続けている姿が目前にあり、そしてまた昼頃、同じリフトに乗ってみたらば「よくもまぁそんな大きな声でベラベラと…」と思う位にたわいもないことを喋り続けている人を日々目にします。そのたび私は失礼ながら思うのは、凡そ、この類の人達に志など有り得ないということで、彼らは眠り続けたまま生を終えるであろうということです。

4年程前、私は「今日の森信三（224）①」で「真の志とは、自分の心の奥底に潜在しつつ、常にそれが念頭に現れて自己を導き、自己を激励するものでなければならぬのです。書物を読んで感心したり、人から話を聞いてその時だけ感激しても、しばらく経つとケロリと忘れ去るようでは、真の志というわけにはゆかないのです」とツイートしました。あるいは、「今日の森信三（229）」では「真の志とは、この二度とない人生をどのように生きたら、真にこの世に生れて来た甲斐があるかということを考えて、心中に常に忘れぬということでしょう。ですから結局最後は、『世のため人のために』という処がなくては、真の意味での志とはいい難いのです」とのツイートもしました。

自由主義と理想主義を一以て貫いた日本の誇るべき知の巨人・河合栄治郎先生は、教養を身に付けるとは「自己により自己の人格を陶治する」ことだと定義されています。人格が陶治されてきた時、世の中で生活して行く上で如何なる違いが生じてくるかというと、それは世のため人のためという志を持とうとしてくるということです。

結局人間というのは、自らが自らを築いて行く以外に人間的成長の道はなく、自らの意志で自らを鍛えて修めて行く「自修の人」なのだろうと思われます。その人を変えることは他の誰にも出来ないことで、その人自身のみが自らを変えることが出来るのです。

▼人生の大きな転機

人生には幾つかの大きな転機があって、その転機で人が変わり得る可能性があります。例えば男性の場合は結婚をし、妻子とりわけ自分の血を分けた子供を養って行くという責任が課された時、その中で変わろうと決意をする人が私の経験上では多いように思います。

更にはもう一つ、やはり素晴らしい人との出会いが人を感化し、変えて行くきっかけになるものだとも思います。自分より優れた人間を見た時に持つ「敬」の心から生ずる「恥」の気持ち、そしてそれより繋がる「憤」の気持ち――この「敬・恥・憤」のメカニズムが働かなければ、人が変わる時は永久に訪れることはないでしょう。

私の場合、勿論父親から影響を受けた部分も結構多いとは思いますが、『論語』を中心とする中国古典あるいは明治時代の二大巨人、安岡正篤先生および上記した森信三先生といった方々が私の師ではないかと考えています。

何のベースも持たずに自分を磨くのは、言うまでもなく非常に難しいことです。やはり自分の範とすべきものがあって、その人物が如何にしてそうなり得たのかを学び、そして初めて自分もその人物に近付こうという思いに駆られることにもなるわけです。それゆえそうした意味でも、師というのは非常に大きなものなのです。

「暁鐘《ぎょうしょう》を撞《つ》く」とは、王陽明の次の七言絶句「睡起偶成《すいきぐうせい》の詩」の中の言葉です。

四十餘年睡夢中　　四十余年　睡夢の中
而今醒眼始朦朧　　而今《じこん》醒眼　始めて朦朧《もうろう》

不知日已過亭午　知らず日すでに停午《ていご》を過ぐるを
起向高樓撞曉鐘　起《た》って高楼に向かい暁鐘を撞く
起向高樓撞曉鐘　起って高楼に向かい暁鐘を撞く
尚多昏睡正茫茫　なお多くは昏睡して正に茫々《ぼうぼう》
縱令日暮醒猶得　たとえ日暮るるも醒めることなお得ん
不信人間耳盡聾　信ぜず人間　耳悉《ことごと》く聾《ろう》するを

この睡起とは、自ら目覚めて世の中を目覚めさせると私は解釈しています。自らが自らを創り上げる過程あるいは創り上げた結果として、片方では周囲を感化するという役目を担っており、これが「一燈照隅《いっとうしょうぐう》、万燈照国《ばんとうしょうこく》」という考え方にも繫がって行くわけです。

自分自身を変えようと思ったらば、自分で気付き睡起して世のため人のために志を立てるのです。

才と徳

（２０１６年８月２日）

▼徳と併せ才が生きる

『経済界』のサイトに、「稼ぐ人の才能は、特別なものか」（16年6月25日）という記事があり、その中で筆者は「尽きないモチベーションを持って、一貫して行動が続くから能力が磨かれ、それが自分だけの『才能』になる」等と主張されています。この「才」とは「あの人、優れているなぁ、物凄い才能だなぁ」というふうに、どちらかというと良い意味で使う字ですが、これを副詞で読むと「わずかに」となります。ですから才だけあっても、それだけでは「わずかに」過ぎません。才を活かすには、「徳」がなければなりません。

では才と徳のどちらが大事かと言いますと、例えば中国・北宋の名臣であった司馬温公（１０１９年―１０８６年）は、その著書『資治通鑑《しじつがん》』の中で次の通り、才徳の見地から人物判定をしています。「才と徳という二つの人間の大切な要素、これが完全なる調和をもって大きな発達をしているものは聖人。（中略）およそ才が徳に勝てるものはこれを引っ括めて小人という型にはめる。これに反して徳が才に勝れているものは、これを引っ括めて君子という型にはめる」。

「小人」の字義より述べますと、小人の「小」の字は「八」と「亅」に分かれます。「八」は「微少」を意味し、「亅」は「微細」を意味します。つまり、どちらも「わずか」ということです。即ち小人とは、自分のことだけしか考えず他のために尽くすことの出来ない人、小人物を指します。その反対に、自分の才能を他のために尽くすことの出来る者は、それだけ人物が大きいことになりますから、これを小人に対して君子と言います。

世に才人をもて囃《はや》しているような風潮がありますが、なぜ才はもて囃され徳はその限りでないかというと、才をあらわすのは比較的簡単なことだからでしょう。逆に徳をあらわすことは中々難しいことです。本来、徳のある人は敢えてそれをあらわそうとしないものです。徳は極平凡な応対辞令や普通の日常生活、あるいはその人の出処進退であらわれたり、反対に国家の緊急事態では才というよりも、やはり徳を持った人物が必要となってくるわけです。

このように、あらわれ易い才とは対照的に、徳は中々見分け難いものであります。才はあらわれ易いがゆえ、「能ある鷹は爪を隠す」といった類の戒めが、昔から多くあるわけです。その才を余りにひけらかしたらば、そのうち足をすくわれることになるのですが、才人であればある程その才をあらわそうとしてしまい、むしろ結果は余り良い方向に行かないのが常であります。

安岡正篤先生は、人生を生きる上で大事な三つのことの一つに、「常に陰徳を志すこと」を挙げておられます。陰徳を積むというのは、「俺は世のため人のためにこれだけのことをしたんだ！」と言って回るのではなく、誰も見ざる聞かざるの中で世に良いと思うことに対して一生懸命に取り組むということです。

『論語』の「憲問第十四の三十五」に「驥《き》は其の力を稱《しょう》せず。その徳を稱するなり」とあります。つまり、「一日に千里も駆ける駿足を誇る名馬も、その馬の持つ力のみで勝っているのではない。良馬として兼ね備えていなければいけない条件、調教や訓練によって培われた能力、人に例えれば才能と徳がある為である。要するに才能に優れただけではなく、徳を修め徳を磨いて初めて俊足の名馬になる」ということです。前述した通り才だけでは「わずか」であって、徳を併せて初めてその才も生きて一人前になり得るのです。

有徳の士たれ

（2016年8月5日）

▼不断の修養に尽きる

松下幸之助さんは御著書『リーダーを志す君へ―松下政経塾塾長講話録』の中で、次のように言われています。「『徳というものはこういうものだ。こんなふうにやりなさい』『なら、そうします』というようなものとは違う。もっとむずかしい複雑なものです。自分で悟るしかない」。

これは、ある塾生が「徳性をどのようにして高めていくかという具体的方法がよくわからないのです。（中略）結局、自分で理想みたいなものを持って、それを追求していく態度の中でしか身につけていくことはできないのでしょうか」との問いに対し、松下さんが塾長として話された言葉の一部です。

「技術は教えることができるし、習うこともできる。けれども、徳は教えることも習うこともできない」と松下さんも言われている通り、「徳を高めるコツ」など有り得ません。勿論、徳を高めたいと思う気持ちは原点で無ければなりませんが、コツなどといった類ではありません。

私は4カ月前『人間力の磨き方』というブログの結語で、次のように述べました。「私淑する人物やその人の著作から虚心坦懐に教えを乞うと共に、片方で毎日の社会生活の中で事上磨錬し、その学びを実践して行くのです。先達より学んだ事柄を日常生活で日々知行合一的に練って行く中で初めて、人間力は醸成されて行くものだと思います」。

何事もまずは自分でやってみて、それを兎に角がむしゃらにやり続け、己の血となり肉となるものにして行くのです。最近の人達を見ているに、何でもかんでもいわゆるHOWTOものばかり読んで、浅薄な知識や浅知恵を簡単に身に付けようとする傾向が強いように思います。

徳を身に付けるとは、最小の努力で最大の効果を得るといった類とは掛け離れています。これは修養に尽きるものであってコツなど有り得るはずもなく、自己向上への努力を惜しまず死ぬまで続けねばならないものです。

しかし、そういう人物には、そう簡単にはなれないものです。「人多き人の中にも人はなし、人になれ人人になせ人（上杉鷹山）」という道歌がありますが、人物をつくるには人物を育てる人（師）も必要であり、また本人が不断に努力し続けることも勿論必要です。

自分を築くのは、自分でしかないのです。

前回のブログ『才と徳』の中で私は、「徳が才に勝れているものは、これを引っ括めて君子という型にはめる」と、司馬温公による人物判定の一つを御紹介しました。君子の基本的な条件は、常に高い徳を身に付けているということです。

しかしながら昨今、例えば周りに責任転嫁する小人が非常に多くいるように感じます。『論語』の「衛霊公第十五の二十一」に「君子は諸《これ》を己に求め、小人は諸を人に求む」とあります。君子はあらゆる事柄の責任を自ら負い、決して誰かに転嫁しません。それをやるのは小人なのです。

我々は君子を目指して日々、人物を磨かねばなりません。前述の如く毎日の社会生活の中で知行合一的に事上磨錬し続け、己を鍛え上げるべく励んで行かねばなりません。そうすることで君子の条件の一つ、「恒心…常に定まった、ぶれない正しい心」を維持できる人にもなって行けるのではないかと思います。

人を見るの方

（2015年11月13日）

▼恒心を維持する人

世俗的成功を以て人を偉いとする傾向、あるいは世俗的な「失敗者」を駄目な人だとする傾向は、昔からあるものです。しかし、そうした世俗的なこととその人が人物であるかどうかとは関係がないと思います。その人の本性というのは、次のようなところで見極められるのです。一つは昨年3月のブログでも御紹介した「一貴一賎、交情乃ち見る」ということです。

この『史記』にある言葉は、前漢王朝の時代の翟公《てきこう》（前二世紀頃）という人の話です。翟公は司法長官になったかと思うと左遷され、しばらくするとまた司法長官にカムバックするという波乱に満ちた人生を経験しました。司法長官でいる時には、色々な人が屋敷にまで押し掛けますが、左遷されると誰も来なくなります。そしてカムバックすると、また色々な人が屋敷にやって来るという状況で、翟公が地位の上下で皆さんの御付き合いの心が良く分かるものだと屋敷の門に書き付けた文句です。

「勢交《せいこう》…勢力者に交を求める」、「賄交《わいこう》…財力有るものに交を求める」、「談交《だんこう》…能弁家に交を求める」、「窮交《きゅうこう》…困窮のため苦し紛れに交を求める」、「量交《りょうこう》…利害を図って得なほうに交を求める」――これは、梁の劉孝標が書した『広絶交論』にある「五交《ごこう》」ということです。そうした交わりの仕方をする人は、上記「一貴一賤」の中でよく分かるものです。

トップというのは人を見るの明、そして人を用うるの徳といったものが求められます。人物の鑑別については、中国明代の著名な思想家・呂新吾の『呻吟語』が興味深いです。

そこで呂新吾が何を述べているかと言いますと、まずは「大事難事に擔當《たんとう》を看る」ということです。即ち、事が起これはその担当官の問題への対応能力を見るということ、そしてそれに併せて、仮にそのような事において自分自身はどのように処するかを常に主体的に考えるということです。

その次に「逆境順境に襟度を看る」ということ、つまりは襟度の「襟」とは「心」を指していて「度量の深さを見る」といったことです。世の中というものは万物全て平衡の理《ことわり》に従って動いており、良い時が来れば悪い時も必ず来るわけで、そのような時々に襟度を見ると言っています。

また更には「臨喜臨怒《りんきりんど》に涵養《かんよう》を看る」と書いてあって、「臨喜」とは喜びに臨んだ時に恬淡《てんたん》としているか、「臨怒」とは怒りに臨んだ時に悠揚《ゆうよう》としているか、といったところに涵養を見ると述べています。

そして最後に「群行群止に識見を看る」ということ、即ち大勢の人（群行群止）の中で人を見るというように書かれています。その人が大勢の中で大衆的愚昧を同じようにしているか、それとも識見ある言動をとっているかを見る中で人を見抜いて行くというわけです。

また、「人間観察、人間鑑定の武器」として『呂氏春秋』という本に書かれている「六験八観」（文末A．およびB．参照）も非常に参考になります。「喜ばせて、楽しませて、怒らせて、恐れさせて、悲しませて、苦しませて」何を見るかというと、その人物が恒常心をどれだけ保ち得るかということです。更には「出世したら、豊かになったら、善いことを聞いたら、習熟したら、一人前になったら、貧乏になったら、落ちぶれたら、昇進したら」如何に人間が変わるのかも、やはり環境変化における恒の心、恒心（常に定まったぶれない正しい心）を見ているのです。

私もこれまでずっと人を見続けてきていますが、つくづく感じるのは、人を見るのは非常に難しいということです。上記のように人を見る方法は様々ですが、恒の心がどうかという一点こそが急所だと思います。そしてこの恒心を維持できる人が、君子であると言えましょう。

A．【八験】

①之を喜ばしめて、もってその守を験《ため》す→喜ばせて、節操の有無をはかる

②之を楽しましめて、もってその僻を験す→楽しませて、偏った性癖をはかる

③之を怒らしめて、もってその節を験す→怒らせて、節度の有無をはかる

④之を懼《おそ》れしめて、もってその特（独）を験す→恐れさせて、自主性の有無をはかる

⑤之を哀しましめて、もってその人を験す→悲しませて、人格をはかる

⑥之を苦しましめて、もってその志を験す→苦しませて志を放棄するかどうかをはかる

B．【八観】

①貴《たか》ければ、その進むる所を観る→出世したら、どんな人間と交わるかを観る

②富めば、その養う所を観る→豊かになったら、どんな人間を養うかを観る

③聴けば、その行なう所を観る→善いことを聞いたら、それを実行するかを観る
④習えば、その言う所を観る→習熟したら、発言を観る
⑤止《いた》れば、その好む所を観る→一人前になったら、何を好むかを観る
⑥窮すれば、その受けざる所を観る→貧乏になったら、何を受け取らないかを観る
⑦賤《せん》なれば、その為さざる所を観る→落ちぶれたら、何をしないかを観る
⑧通ずれば、その礼する所を観る→昇進したら、お礼を仕事で返すかどうかを観る

第5章　学びと教育について

誰のために学問をするのか

（2016年3月2日）

▼情けない学者が多い

先々月28日アゴラに「必要な『学者』の再定義」という記事がありました。当記事で筆者の松本徹三さんは、「『学者』と呼ばれるに足るだけの必要最低限の条件は、突き詰めれば、『如何なる場合も真理を追求する』という姿勢であろう」等々の指摘を行われています。

本テーマで私見を申し上げますと、私は昨年8月に書いたブログ『何のために学問をするのか』の中で、孔子にとっての学問の本義とは「命を知り、心を安らかにする」と共に「人生に惑わないために学ぶ」ことだと述べました。

荀子の言葉では学問の本義は「夫《そ》れ学は通《つう》の為に非らざるなり。窮して困《くる》しまず、憂えて意《こころ》衰えざるが為なり。禍福終始を知って惑わざるが為なり」というものです。

つまり荀子は「何のために学問をするのか」との問いに対し、「社会的な成功の為に行うのではない。窮地に陥った時でも、苦しんだり意気消沈したりすることをなくす為である。我々にもたらされる災いや幸福の原因や因果関係をよく知ることが出来れば、困難に直面した時でも惑うことはなくなる」と答えているというわけです。

吉田松陰先生もまた「およそ学をなすの要は、おのれが為にするにあり。おのれが為にするは君子の学なり。人の為にするは小人の学なり」と言われています。

古のまともな学者というのは、自分のために学を為していたわけです。それに対して現代の学者の多くは、私利私欲に端を発したある意味での売名的行為や金銭的利得のため、学を為しているかの如く見受けられる節が多々あるように感じられます。

『書経』の中に「自靖自献《じせいじけん》…自ら靖んじ自ら献ずる」という言葉があります。「人の為に自己を献ずる」という学でないとすれば、御用学者の類の域を出ないということだと思います。

その逆には例えば、私の Facebook で先月2日にも御紹介した京都大学iPS細胞研究所の所長である山中伸弥教授のように御自身の研究活動、学を通じて世のため人のためという高い志がありありと見えている御方も中には勿論おられます。

今日本の学者先生というのは極めて専門バカになっているがゆえ、一般常識の著しい欠如が見られたり教養の範囲が極度に狭く、結局この社会に何ら役立たない学をやっている先生が結構いるようにも思います。

その昔、中国では儒学というものが国の統治の中で取り上げられ、漢の武帝が儒教を国教と定めました。そして官吏に就かんとする者は、いわゆる「科挙」に合格すべく「四書五経」を一生懸命に丸暗記しました。しかし、そうした試験に合格するための学というのは殆ど社会生活で、世のため人のために役に立つものではなかったのです。

結局、自分という人間を自らの意志で自らが創り上げて行くために、四書五経に書かれている内容を自分なりに消化し、日常の社会生活の中で日々知行合一的に事上磨錬し続けて行き、その学びが本当に活かされてくるのです。

学者先生も様々ですが、私には取り分け自然科学以外のフィールドで多数、好い加減な人がいるように感じられます。誰がため何がために学問をやっているのか不可解な先生方が、最近は非常に多いような気がします。昨年どれ程情けない存在かが世に明らかになった憲法学者の見解などは、正にそういうものだったように思います。

任重くして道遠し

（2016年5月24日）

▼解が出ない世界

森信三先生は「学問における自覚」ということで、次のように言われています。「直線は如何に延長するも、ついに直線を出でず。それが円環となるには、直線は自らの進路を遮断せられせられて、無限にその方向を転ずるの極、ついに円と成る。学問における自覚もまたかくの如しとやいうべけむ」。

森先生が言わんとしている内容を考えてみるに、これは何も難しい事柄を述べられているわけでなく、学問の世界とは永遠に続くということだと私は解釈しています。ではなぜ永遠に続くかというと、結局いつまで経っても解が出てこないからでしょう。

『論語』の「泰伯《たいはく》第八の七」で、曾子は「士は以て弘毅ならざるべからず。任重くして道遠し。仁以て己が任と為す。亦重からずや。死して後已む、亦遠からずや」と言っています。

任重くして道遠し――人道を極めるとは正に重く遠い道程であって、行けども行けども答えに容易に辿り着けないものなのです。これで御仕舞という所なくそれを探し求めて、ずっと学問をし続けて行くのが学問の世界ではないかと考えています。

直線の世界というのは、ある意味結論が見えるのではないでしょうか。中々そこに到達できずに到達予定時間を延長せねばならない、といったことも時にはあるかもしれません。しかしこの道を歩んで行けば何れ解に巡り合えるといったものだと思います。

他方で円というのは直線の如く単純でなしに、果たして自分の悩みが正しいのか否かすら、延々見えてこない位の大変な世界であります。森先生が言われるように「円環となるには、直線は自らの進路を遮断せられせられて、無限にその方向を転ずるの極、ついに円と成る」とは正にその通りです。

佐藤一斎の「三学戒」にあるように「壮にして学べば老いて衰えず…壮年になって学べば、年をとっても衰えず、いつまでも活き活きとしていられる」というわけで、棺桶に入るまで学を磨き続けねばならないものと捉えるべきだと思います。

「五十にして四十九年の非を知る」（『淮南子』）、「行年六十にして六十化す」（『荘子』）という言葉があります。何歳になろうが兎に角一生修養し続けるという覚悟を持って、自己の向上を目指す努力を惜しまず、死ぬまで学を続けて行くことが大事なのだと思います。

真理と革命

（2016年4月6日）

▼歴史の中で否定された思想

森信三先生は「学問観を支える二大支柱」として「真理は現実の唯中にある」および「真理は現実を変革する威力をもつものでなければならぬ」という二点を挙げられると共に、また「これを二宮尊徳と毛沢東から学んだ」と言われているようです。

森先生の書を読んでみて、先生がふっとした時「真理は現実の唯中にある」と悟ったということ、並びに「民族の代表的巨人の一人」とする二宮尊徳翁より多くを学んだということは確かであると思います。

ただし森先生が、毛沢東から「真理は現実を変革する威力をもつものでなければならぬ」と学んだということは、私の持つ先生に対する認識に必ずしも一致しないものであり、同時にこの支柱に関して我々は注意を要するように思われます。

凡そ革命を達成する、換言して現実を大きく変えるとなれば次の二点、理論的支柱そして歴史観が必要となります。毛沢東の革命で言ったらば、大変な読書家である彼は中国古典を猛勉強することで歴史観を身に付けて、一方で理論的支柱をマルクスレーニン主義という一つのイデオロギーであり、一つの思想から学びました。

毛沢東は上記二点を満たしたからこそ、革命を成功裏に収めることが出来たのです。つまり「革命は思想なくして起こらない」ということです。マルクスレーニン主義の是非は兎も角、少なくとも当時はこれが理論的支柱になったわけです。

しかし当該思想は、かつて東欧の社会主義国家が次々崩壊して行ったように、歴史の中で否定され駄目だという烙印を押されました。他方、毛沢東が凍餒《とうたい》の苦しみに遭う沢山の国民を飢えを凌げる体制に持って行ったことも史実であります。そういう意味で一面正しかったと見られる時期はあったと言えるのかもしれません。ただし、そこに普遍性は無かったということも、これまた証明されたのではないかと思います。

森先生の「学問観を支える二大支柱」の一つ、「真理は現実の唯中にある」とは言うまでもなく普遍性を有しています。しかし「真理は現実を変革する威力をもつものでなければならぬ」の方は、前記したマルクスレーニン主義のような歴史の中で否定された似非真理までもが時に強烈な威力を持ち得るわけで、我々は常々「逆は必ずしも真ならず」という認識を持っておくべきでしょう。

インテリの弱さ

（2016年6月29日）

▼胆識が無い

いわゆる「評論家」と言われる人の中には、ある程度の知識を有し善悪の判断が出来て良いことを言ったりする見識のある人もおられます。しかしそれを具体的な行動に移すとなると、出来ない人が大多数だと思います。

何ゆえ学者先生等が時々世間の批判の対象となるかと言えば、それは知識（物事を知っているという状況）は有っても、あるいは見識（知識を踏まえ善悪の判断が出来るようになった状態）と思われるものが有ったとしても、その多くには胆識が無いからでしょう。

即ち、見識に実行力を備えて初めてこれが胆識ということになり、自らの言をきちっとやり抜くからこそ世間からの評価を受けることにもなるわけですが、学者先生に「そこまで言われるなら、御自分でやられたらどうですか？」と言ってみても、実際やる人は殆どいませんし出来る人は非常に少ないと言っても過言ではありません。

事業家であれば如何に戦略を持って、描いた夢を実現するかということですが、知識が無ければ戦略を策定するところまで行きません。そして評論家にはならずに知識を発展させ、その見識を胆識に高める事が、真の事業家への道だと思います。

評論家それ自体、職業ですから、その道を極めるのも勿論それはそれで良いと言えば良いでしょう。しかしそれを幾らやり続けたところで結局、評論家の域を出ることはありません。松下幸之助さんのような人物からすれば、これ正に「インテリの弱さ」と映るのでしょう。

「その知識にとらわれて〝あれはむずかしい、これはできない〟といった考えに陥ってしまうと、事がスムーズに運びにくくなる」とは、松下さんが言われている通りです。膨大な知識だけを身に付けてみても、却ってその人間の質の低下を招き得るかもしれないわけです。

知識はある程度持たねばなりませんが、学を学として知識に留めておく限り、殆ど実際の生活において役には立ちません。役立つレベルに持って行こうと思うなら、行を通じて血肉化する中で自分のものにして行かねばなりません。

王陽明の『伝習録』の中に「知は行の始めなり。行は知の成るなり」という言葉があります。知を得た人はどんどんとその知を行に移し、知と行とが一体になる「知行合一」的な動きに持って行かなければ、ある意味得たその知は本物にはならないのです。

その知識を使ってワークするか否かを見て、ワークしないのであればその知識の何所に誤りがあるのか等と試行錯誤を繰り返し、その中で上手くワークするようなものを作り上げて行くのです。身に付いた知識そのままに事は進んで行かないことが殆どですから、何事もまずはやってみてからの話でしょう。

（2015年10月13日）

日本教育の在り方

▼哲学・歴史から学ぶ

今後の教育の在り方を構想するに、この21世紀日本という国がどういう世界を創って行くのかがまず第一にあり、そのためどういう教育体制を敷いて行くのかを考えるべきでありましょう。

私には、日本人のスケールが年年小さくなってきているのではと感じられてなりません。

それは、「日本教職員組合（日教組）」が多分に害を及ぼしてきた戦後日本の教育が、日本民族の特質や我国の歴史・伝統といったものを踏まえ、独創性を重んじた物の見方・考え方を育てるようなものになっていない、という部分に根本的な問題があるのだと思っています。

これまでも私は、日本の小中高を通じてのいわゆる「暗記教育」に対し、当ブログでも度々批判的見解を述べてきました。それは、丸暗記というのを一概に否定するものでなく、要は暗記とテクニックで高得点を稼ぎ得る、英国社数理中心のペーパー試験偏重体制に大きな疑問を感じるからです。

ある意味答えのない問題に対し如何に答えを出して行くかというところで、その人の思考力や知恵といったものが最もあらわれてくるわけです。教科書を絶対的基準として教科書の記載事項を暗記するだけで大体点数が取れるという画一化した教育から、日本は一刻も早く脱しなければなりません。

初代ドイツ帝国宰相のビスマルクも、「愚者は経験に学び、賢者は歴史に学ぶ」と言っています。そういう歴史を学び、一つの大きな歴史観を持って物を考えて行くという姿勢が、戦後教育の中で非常に御粗末に扱われ等閑視されてきたのではと思われます。

かつても『歴史・哲学の重要性』（11年6月2日）につきブログを書いたことがありますが、私の経営の発想でも実は哲学や歴史から学ぶことが物凄くあります。現在のように歴史観を殆ど養わず、またオリジナリティを十分に啓発しない教育が今後も続けられて行くようであれば、日本人が潜在的に持っている思考力や知恵といったものが十分に発揮されて行くことはないでしょう。

歴史や哲学あるいは「人間如何に生くべきか」といった基本をきちっと学び、人物を育てるような教育体制を早急に確立して行かねばなりません。人間的魅力がどこから出るのかと言えば、社会性を十分に認識した上での正しい倫理的価値観を有した主体的な考え方や生き方です。そうした類を磨かねば、人間的な魅力は出ないのです。その魅力が出てきて初めて周りに人が集まるようになり、何らか事を成し遂げることも出来るようになるのです。

▼民族固有の歴史を知る

このグローバルの時代、日本民族固有の特質を無視して日本のグローバルな貢献など有り得ません。これをベースにしてこそ、日本はグローバルに貢献することが出来るのです。

四海に囲まれた日本という島国はある意味隔離されており、日本人はそうした地理的な条件下で独特の文化と能力を持ち得ました。

日本の歴史を見るに、例えば漢字が百済《くだら》を経て入ってくると、それを読み熟した上でその中国語に返り点を付け、日本語として読めるようにしてしまいました。更には漢字を変形してひらがなを作り出し、ポルトガル語等の外来語を表記するため、カタカナも発明しました。日本人はこうした外国文化を短時間で吸収・発展させる素晴らしい能力を持っています。

日本には、古来神道という八百万の神を崇拝するアニミズム的な宗教がありました。これは系統立ったものでなく、非常にフレキシブルで、他の宗教が入って来ても同化して取り入れてしまいました。日本人は、仏教も儒教もそうして取り入れたのです。また、奈良の大仏の鋳造技術は物凄く高度な技術の結晶ですが、それもアッという間に身に付けました。１５４３年に鉄砲が種子島に伝わりますが、それもまた瞬く間に当時世界一の銃火器装備率にまで達したとも言われています。

このように日本人は排他的にならず、異質なものを在来のものと混在させ、より良きものを作り出す能力に長けています。この能力は、明治維新後も如何なく発揮されました。

西洋にキャッチアップする過程もアッという間で、列強の一国となり日清・日露の戦いに勝ちました。そして第二次世界大戦の後、何も無い状態からGDP世界第二の経済大国にまでなったというわけです。

日本人は色々なものを受容・変容し、消化・改善して発展させてきたのです。我々は、考えられないような能力を秘めた民族であります。だからこそ我国の歴史を見直してみるべきで、もう一度「ナショナル・ヒストリー（民族の歴史）」「ナショナル・トラディション（民族の伝統）」をちゃんと勉強し、それらを踏まえて民族固有の特質を見出し、それを発揮させながらこのグローバルの時代、如何にして世界に羽ばたくかを考えねばなりません。

▼実学教育の徹底

同時にまたこの21世紀、日本が創って行こうとする世界を支えて行く人材の確保・育成という観点からは、実学教育を徹底すべきでありましょう。4年3カ月前のブログ『日本教育再考』でも指摘したように、日本の将来の産業構造が一体どういうものかを先読みし、ポスト・インダストリアル・ソサエティ（脱工業化社会）において一体何が大事になるかという観点で教育を捉え直し、そしてそうした大事なものを教育上優先するような体制を敷いて行くべきだと思います。

例えばデジタルの世界で述べるならば、今後益々「シンカ（深化・進化）」し更に大きな世界になって行くのは間違いありませんから、その世界の真髄を理解し本当にコンピュータ一やＩＴを使い熟せるような人間が指導に当たり、実学として実用に供せられるようにして行かねばなりません。

仮に私が文科相であったらば、第一に一芸に秀でるような人材を創出すべく、科目選択制を基本にし総花的教育をやめます。道徳・歴史・哲学（思想）といったものだけは、必修とします。第二に実学を基本とする、例えばＩＴ関係の起業家や実業家をどんどん招聘《しょうへい》して授業を行って貰うというような形にします。実社会を知らない教師により何の役にも立たない教育が行われるのでは、日本の将来が危ぶまれます。第三に成績優秀者には出来るだけ若い間に留学を少なくとも2年位はさせ、多様な文化の中で生活させます。

日本の英語教育というのは長い間、リスニングもスピーキングも殆ど出来ない人間が英語教師として指導に当たり、死んだような文法を中心に教え試験ではペーパーテストだけを行うものでした。つまりこれまで日本では、死んだ学問として英語教育がなされてきたのです。そうした馬鹿げた教育と同じ轍を踏んではなりません。

上記したデジタルの世界のみならず、各分野でオリジナリティ溢れるものがどんどん創造されるような形にすべく、どうすれば良いかを考察せねばなりません。取り分け中学校以降こうした方向に基づいた教育を本格実施して行ったらば、様々な才ある人が新しい事柄に挑戦して行くようになるのではと思います。

（2015年10月8日）

「特別の教科　道徳」に思う

▼『実語教《じつごきょう》』以来千年の教育

昨日リツイートしておきましたが、iRONNAという「総合オピニオンサイト」内の特集「真実を教えない日本の教科書」に、私のブログ記事『日教組を破壊せよ』（15年4月21日）が今週転載されました。

この特集は本年「4年に一度実施される中学校教科書の採択の年」であるがゆえですが、

加えて注視すべき関連は先月末付の「教科書検定基準改正」に伴い、「道徳教科化」が為されたということです。

戦後70年を経て日本は、色々な面で危機的様相に陥ってしまいました。大変嘆かわしく思うのは近年、親殺し・子殺し・児童虐待・老人虐待・自殺の増加等々、新タイプの社会問題も顕在化してきたことです。現在の日本社会が抱えている様々な問題の根本原因は何処に求められるか――当ブログでも一貫して指摘し続けてきた通り、その所在は戦後日本の教育にあると私は考えます。

戦後の教育には、道徳的見識を育てる人間学という学問が欠落していました。つまり、「人間如何に生くべきか」「人間どう在るべきか」ということを教えない教育であったのです。歴史を遡れば、平安時代の終わりに出来たと言われている『実語教』が教科書として鎌倉時代に広まり、更に江戸時代の寺小屋でも使われていたと言います。この『実語教』とは正に、人間如何に生くべきかを、千年近く日本で伝えてきた道徳教本です。

更に昭和に入って、「修身」という授業の中で、きちんと人間学的素養を身に付けさせてきたのです。こういった人間学的素養は戦後、ＧＨＱによる教育制度改革で修身の授業が停止されるまで、日本人の強い精神力の源泉ともなっていたものです。マッカーサー連合国軍最高司令官は我国占領の後、日本の強みとは何であったかを徹底分析したようです。その結果日本人の精神力の強さを知り、それを怖がり潰そうと思ったのではないでしょうか。

しかしこの戦後教育によって、「親に孝を尽くす」「友に真を尽くす」といった日本人が極当たり前に持っていた道徳観が葬《ほうむ》り去られてしまいました。こうした道徳観が「忠君」に繋がると考えたのでありましょう。つまりは、日本人が教養の根幹として持ち続けた伝統的・倫理的価値観まで破壊しようと試みたのだと思います。

今回初めて道徳が教科になるにあたって、検定教科書が作成されることになり、国の検定と、教育委員会による採択が行われるわけですが、今後は小学校が平成28年度に、中学校が29年度に当該検定が実施され、それぞれ2年後に検定教科書での授業が始まる見通しとなっています。

▼『修身教授録』の感動

いわゆる「教科」とされるには、検定教科書の使用、点数評価、専門の教員免許の3つの条件が必要です。「特別の教科　道徳」では、先述した検定教科書は作られますが、道徳専門の教員免許は設けず、指導はこれまでと同様に原則、学級担任が行い、また「学習の理解度や達成度を数字で示すのはそぐわないので、児童生徒の評価は文章で表すこと」になっています（読売新聞）。

後者を巡り文部科学省は本年6月より、「道徳教育に係る評価等の在り方に関する専門家会議」で「指導要録の具体的な改善策等も含めた専門的な検討」を重ねているようですが、道徳には評価など不要です。道徳とは、徳性の高い人がきちっと教えて行けば良いわけで、むしろ生徒より教師の道徳的素養が大切です。何ゆえ道徳性について教師が評価する必要があるのかと感じられ、不毛な議論を続けているとしか思えません。

道徳とは、生き方の問題で暗記モノではないのです。たとえ教師と呼ばれる人であっても、道徳性の低い人が道徳を教え評価するということがあれば余りにも馬鹿げています。

私が何時も思い出すのは、安岡正篤先生と並ぶ明治生まれの教育・思想の巨人、森信三先生です。『修身教授録』は、先生が40代前半に天王寺師範学校の「修身科」で講義された内容を生徒が口述筆記したものです。私が本書に出合ったのも同じ40歳位で、当時私は野村證券のニューヨーク拠点やロンドンに設立したM&Aの会社の役員を経て、日本に戻った頃でした。この『修身教授録』を読み、魂が打ち震えるような感動を覚え、同時に自分の未熟さを思い知らされました。

「教育とは、子どもの20年、30年後も見つめ、学校下の民をも導くものでなければならない」という透徹した使命感と人間に対する深い愛情、東洋の思想哲学に基づく豊かな学識といった森先生の全人格が臨場感を持って魂に迫ってきたのです。

▼教師は人間力を練らねばならない

人知れず便所を清めたり教室のゴミを片付けたりと、「下坐行」を実践された方の言葉には学問だけを究めた人には及ばぬ真義がそこにあって、後に森先生の著書という著書を探し求めて読破して行くことになりました。

中国古典および安岡先生と並んで森先生も、私の精神的支柱を作る上で大変重要であったと言っても過言ではありません。この森先生レベルとまでは行かずとも、教師に人を得られない状況で、そもそも道徳教育の評価など有り得ない話です。

人を教えるという立場とりわけ子供を教えるという立場に立つことは、非常に難しくまた非常に重要なことだと思っています。この職業に就く人は、人格が際立って高潔でなければ務まらないと思います。

教師が子供を悪くしたのでは御話になりませんから、人格の陶冶のための努力を徹底し、研鑽し続けて行けるような人に就いて貰わねばなりません。また更には、生徒に教えながら自らも学んで行くという「半学半教」の如き姿勢の人でなければ、実はこの教師業は本当の意味で務まらないのだと思います。

戦後教育にどっぷり漬かり、自分達が道徳教育を受けていない教師達は、人間学の学習と知行合一的な修養によって、人間力を練らなければなりません。そして、精神・道徳・人間の内的革命を遂行して行かねばならないのです。

今後は日本の未来を担う子供達を育てる教員の資質も高めて行くべきでしょう。私が私淑する上記した森先生のように、情熱を持って教えと学びを共に実践して行く人物が教師になるような教育制度創設こそが、これからの時代に求められているのです。

本質を見極める

（２０１６年８月17日）

▼長期的・多面的・根本的に物事を見る

拙著『君子を目指せ小人になるな』（致知出版社）の「プロローグ」で私は、かつて「アジアの巨人」として世界中から高く評価され自国を繁栄に導いた指導者、台湾の李登輝元総統の次の言を引用して御紹介しました。

「大事なのは『信念』であり、自らに対する『矜持《きょうじ》』（確かな自信があっての誇り）なのだ（中略）。そうした信念や矜持をもつには精神的修養が重要で、それが最終的に、物事の本質を見抜く洞察力や大局観につながるのだ」。

物事の本質を見極めるとは、そう簡単ではありません。多くの人は極めて皮相的に物を見るあるいは余りに短期的に物を見て、本質に至らないことが往々にしてあるように思います。本質を見極めるに何が求められるかというと、これは単に何かを勉強したら直ぐに出来るようになるといった類ではありません。本質を見極めるべく物事の根本は何かというふうに、常日頃より考え方のトレーニングをし続けなければなりません。

今から45年以上も前、松下幸之助さんは教育的観点から、次のような憂いをもらしておられます。「物事の本質を正しく教えるのが教育というものであろう。古来、名君といわれた殿様は、たいていの場合、そういう教えを十分に受けつつ成長したようである。今日の教育は、果たしてそのように、物事の本質を正しく教え、名君を育てるものになっているだろうか」。

物事の本質を見極めるとは、時間が掛かるプロセスで一朝一夕には行きません。自分が努力しなければ、その道には到達できないのです。中長期的・多角的・大局的に物事を捉えるべく、自分の目を養って行かなければならないわけです。

「兎角人間というものは手っ取り早く安易にということが先に立って、その為に目先にとらえられたり一面からしか判断しなかったり或は枝葉末節にこだわったりというようなことで物事の本質を見失いがちであります」とは、安岡正篤先生の言です。常日頃から物事に当たって「これは本質か?」とか、「枝葉末節では?」とか自問自答し続けないで、中々本質を見極められるようにはなれないものです。

安岡先生は「思考の三原則」と称して、長期的・多面的・根本的に物事を見るということが大切だと様々な書物で説かれてきました。一つの現象において、これら三つの側面に拠って物を考えて行くのが正しい考え方なのです。この考え方を身に付けて行けば、かなりの程度、物事の本質を見極められるのではないでしょうか。

第6章　政治の在り方を考える

田中角栄再考

（２０１６年８月31日）

▼戦後最高の政治家

先月中旬、毎日新聞に掲載されたインタビュー記事「田中角栄にあって現代のリーダーにないもの　元首相秘書官が語る」は、次の一文で始められています。「戦後70年の節目として、２０１５年にＮＨＫが『戦後を象徴する人物』に関してアンケート調査を行ったところ、全体の25％を占め断トツの１位だったのが田中角栄元首相だった」。

この元首相秘書官は「田中氏が優れたリーダーであった理由を三つに限定するとすれば」、第一に「国士維新の志」、第二に「チームワークや人間関係を大事にすること」、第三に「徹底的な敵を作らないこと」を挙げておられます。

今から44年程前、田中角栄という政治家は『日本列島改造論』をぶち上げて日本全体に明るさをもたらし、大ブームを巻き起こして行きました。その発想力・構想力・着眼点は非常に素晴らしく、角栄さんがビジネスをやられたら、きっと大成功するだろうと思います。

春秋時代の鄭《てい》の名宰相・子産《しさん》の言に、「政治というものは多少理に反するところがあっても、まず民を悦ばせてやらなければなりません。そうでないと民は信じません。信じないと従いません。とにかく民を従わすためには、ちょっと機嫌をとってやることが必要である」というのがあります。

角栄さんは今太閤と呼ばれてもいましたが、彼は豊臣秀吉とある面似た部分があって人情の機微を十二分に理解された方でした。近代日本における政治家では最も上手く民を悦ばせ、信じさせて圧倒的人気を持った政治家は田中角栄という人であったのではないでしょうか。

水呑百姓として生まれ足軽から頂上を極めた秀吉に対し、小学校を出ただけの叩き上げで宰相にまで上り詰めた角栄さんということで、当然そうした人情の機微を知り尽くしていたのだろうと思います。

また、角栄さんは「金権政治の権化」の如く言われていますが、例えば頼まれた講演会に行って講演料など受け取らずその上に幾らか乗っけて渡してやる位の人ですから、金銭的にも前都知事の舛添要一さんのようなセコイ人物とは正反対だったと思います。

日本では珍しいスケールの大きな政治家であった角栄さんは、重厚感や胆識といったものを感じさせ、中長期的な国家ビジョンを構想し得る日本に稀有の政治家でありました。その功の最たるものは総理就任の後直ぐに、米国に6年半も先んじて中国との国交正常化を実現したことだと思います。

角栄さんは日本の長期ビジョンに立ち日本のために何を為すべきかと考えて、日本独自のエネルギー確保を企て、石油エネルギーという米国の巨大な既得権益に敵対的にチャレンジした結果、米国の逆鱗に触れ「ロッキード事件」で葬り去られたのは御存知の通りです。

彼は卓越した構想力で一つの大きなシナリオを描き、稀に見る実行力でそれを具現化して行きました。大きな目で世界そして日本の将来を見据えて、行動したのです。正に「コンピュータ付きブルドーザー」であったと思います。そういう意味では戦後最高の政治家と言い得る人物が、あのような形で表舞台から抹殺されたのは、日本にとって本当に残念なことだったという気が改めてしています。

オバマ大統領の功績を称える

（２０１６年5月30日）

▼感動した広島スピーチ

オバマ大統領については本年11月、次の米国大統領が選ばれて後その任期を終えようとしています。一つの大きなチェンジを象徴するように09年1月、当国史上初の黒人大統領として彼はその任に就きました。

就任後次第に彼に対するネガティブな評判が多くなったように思います。ただし歴史の目から見れば全体として中々良くやった大統領だった、という評価に落ち着くのではないかという気がします。

来日直前の先日、オバマ大統領はベトナムの首都ハノイでベトナム戦争時、米軍が大量に散布した枯れ葉剤に異例の言及をする形で演説を行いました。「エージェントオレンジ（枯れ葉剤の通称、ダイオキシン類）を除去し、ベトナムの土地が元の姿に戻るように引き続き努力を続ける」とメンションし米国として力を注ぐと、きちっと発したと報じられました。

また広島での彼のスピーチは、非常に良かったと思います。私も新聞で彼の英文スピーチの原稿を読み、オバマ大統領の深い人類愛と平和を希求する気持ちが切々と胸に迫り感動致しました。多くの日本人が同様の印象を持ったのではないかと思います。ノーベル平和賞受賞に繋がった「核なき世界」を訴えた7年前の演説より、広島という原爆投下地での「核なき世界」の訴えは、より説得力がありました。

上記は彼の偉大なる功績の一部ですが、他方米国の株式市場を見ても非常に強く、NYダウも1年程前に最高値更新という所まで行っていたわけで、オバマ大統領はある意味経済も立て直したと言えましょう。

勿論「世界の警察」としての米国の役割が変化したのは、言うまでもなく事実です。それはオバマ大統領云々といった話でなしに、世界における米国自身の相対的パワーが落ちてきたという状況下、国としての一つの判断であったのだろうと思います。ブッシュの時代より引き継いだ未解決の様々な負の遺産に対して彼は、可能な限り善処したと思います。

御承知のように、最近「トランプ氏の支持率、クリントン氏を初めて上回る」というニュースがありました。仮にトランプ氏が次期大統領になったとしたらば、私は取り分け貿易政策と為替政策そして安全保障政策が激変するリスクを懸念します。

米国の「孤立主義」の再来を思わせるような政策変化は、米国のみならず世界中の多くの国にとっても良い話ではないでしょう。オバマ大統領が言っているように、「（大統領職は）真剣に取り組むべき仕事であり、エンターテインメントでもリアリティー番組でもない」のです。

米国を孤立へと走らせると却って、全てが上手く行かなくなるでしょう。そうした事柄に対するトランプ氏の見解がどうなのか分からないところに、得体の知れない不気味さがあると思います。「あぁ、オバマ大統領の時代は良かった…」と皆が思う世界にならねば良いが、と願っています。

偽私放奢：政を致すの術は、まず、四患《しかん》を屏《しりぞ》く

（2015年12月11日）

▼亡国への道

秦の始皇帝以前のあらゆる思想を集大成した『呂氏春秋』の中に、次の言葉が記されて

います。「亡国の主は必ず自ら智とし、必ず自ら驕《おご》り、必ず物を軽んず。自ら驕れば士を簡《おろそ》かにし、自ら智とすれば専独し、物を軽んずれば備無し。備無ければ禍《わざわい》を召き、専独なれば位《くらい》危く、士を簡かにすれば壅塞《ようそく》（ふさぐこと。またふさがること）す」。

政治の根本およびその得失を論じた『申鑒《しんかん》』を著し献帝に奉った後漢の学者である荀悦《じゅんえつ》は、当思想書の中で「政を致すの術は、先ず、四患を屏く」として「偽私放奢」の四つの患《わざわい》を挙げています。

この「偽私放奢」とは「この中の一つが目立っても国は傾く」というもので、安岡正篤先生はこの「亡国への道」各字それぞれにつき、御著書『瓠堂（安岡氏の雅号）語録集』の中でも言及されておられます。

第一に、「偽《ぎ》（二枚舌、公約違反のたぐい）」であります。先生は「うそ、いつわりは小事になるとすぐわかるが、社会・公共のことになると段々真偽が紛《まぎ》らわしくなる」と述べておられます。

私は先々月30日『「マンション傾斜」を立て直す』というブログを書きましたが、当該事件に関わる一連は正に、「偽」の最たるものです。「社会・公共のことになると段々真偽が紛らわしくな」って、不公正が罷り通るようになるのも事実だということです。そういう意味で我々は常に、警戒の目を張っておらねばならないのだと思います。

第二に、「私《し》（私心、あるいは私利私欲）」であります。安岡先生は「昔は政界に出ることは私産を失うことであるのが常識であった。公のためには私を去るのが当然の道徳であった。今は私のために、公を仮《か》るのが平気である」と述べておられます。

かつての政治家・藤山愛一郎（1897年―1985年）さんは、「絹のハンカチ」と称されて首相候補にまで躍り上った御方です。我国の「製糖王」と言われた藤山雷太（1863年―1938年）さんの長男である愛一郎さんは、岸信介内閣で外務大臣を務め上げられ日本「最後の井戸塀政治家」とも呼ばれた御方です。

この「井戸塀政治家」とは、国事のために自らの財をはたいて奔走し、結局残ったのは「井戸」と「塀」だけという、今では皆無かと思われる、殊勝な政治家を指して言います。

現代の政治家はむしろ、自分を棄て切れず財産を多く有する人も結構いるのではないでしょうか。これから政治家を志す人に「井戸塀」までは求めませんが、「井戸塀」位の心意気で「私」を出来る限り棄てて頂きたいと思います。

第三に、「放《ほう》（放漫、節度のない状態）」、でたらめであります。安岡先生は「無軌道・放埓《らつ》・無礼・無責任等である（中略）。人間は厳より寛に移ることは易《やす》いが、寛より厳にはなかなか進めない。一度放縦《ほうじゅう》（勝手気ままに振る舞うこと。ほうしょうとも読む）の味をしめると『厳格』に堪えられるものではない」と述べておられます。

国会議員になった途端に偉くなったかの如く錯覚し、礼儀知らずで傲慢になる人も時折いるように思いますが、これはとんでもない話です。先月7日『お役所仕事』というブログを書きましたが役所の人間なども正にそうで、彼らには公僕であることを常時認識して貰わねばなりません。

第四に、「奢《しゃ》（贅沢、ムダ使い、あるいは心の驕り）」であります。これは「放」と同じくして「一度この味をしめると、容易に節倹の生活はできない」と安岡先生は述べておられます。

かつて石油が枯渇したら「父は駱駝に乗った、私は車に乗る、息子は飛行機を操縦する、しかしながら孫はまた駱駝に乗るだろう」と言ったサウジアラビア元石油鉱物資源相のアハマド・ザキ・ヤマニ氏は、70年代のオイルショック時に「欧米がアラブの石油を買わなくなるだって？そうなったらわれわれは遊牧生活に戻ればいいだけだ」と述べたと言われています。

NY原油市場でWTI先物1月限は昨日（2015年12月10日）、前日比40セント（1.

08％）安い1バレル＝36．76ドルと、終値ベースで2009年2月以来の安値で引けたわけですが、いまアラブ諸国は原油価格下落による財政悪化の埋め合わせに保有株をなし崩し的に売却する動きを見せてもいます。一旦贅沢に身を染めた王族達の生活は、中々変わって行かないと思います。

冒頭挙げた荀悦は上記「政治をダメにする元凶」の四字につき、「偽は俗を乱し、私は法を壊《やぶ》り、放は軌《き》を越え、奢は制を敗る。四つの者除かれざれば、則ち政、由って行われず」との指摘を行っています。

安岡先生も言われるように、この四患を何とか救わねば、世の中は治まるものではなく、改善・改革・革新の類は成されて行かないのではないかということです。

消費増税は再延期せよ

（２０１６年3月23日）

▼内外の経済状況の変化が激しい

再来月に開催されるG７サミットの議長国として、現下の世界的な経済状況に適切に対応するため、世界の経済・金融情勢について、内外の有識者から順次見解を聴取し、意見交換を行うべく今月中旬より「国際金融経済分析会合」が開催されています。

コロンビア大学教授のジョセフ・スティグリッツ、ハーバード大学教授のデール・ジョルゲンソンに続いて3度目を数えた昨日は、ニューヨーク市立大学教授のポール・クルーグマンを講師として招いたようです。

世界トップクラスの経済学者を首相官邸に招き入れ、1年後予定される日本の消費増税等につき議論させているわけですが、こうした世界的な経済学者を利用して現政権としては17年4月に増税をやるべきではないと言い出すのではと思います。

これに対しては野党再編の「邪魔者」岡田克也氏は消費増税を止めるなら安倍総理大臣は、みずからの経済政策、アベノミクスの失敗を認めるべきだという考えを示しているわけですが、安倍さんとしてはこの今というタイミングでの再増税が本当に日本のためにならないと考えていると思います。

ノーベル賞級の経済学者の見解全てを聞いてみるまでもなく、前回（14年4月）の97年以来17年ぶりの消費税率引き上げ一つを例に見てみても、それだけで8兆円以上の負担増になり、家計にも相当大きな負担がのしかかって、日本経済は大変なネガティブインパクトを被ったわけです。

日本銀行の試算に拠れば予定通りの税率引き上げによっては、「17年度のGDP成長率を0．7ポイント押し下げる」ということですが、現下の日本経済の置かれた状況そして未だ不透明感漂う世界経済の現況等々を勘考するに、私は17年4月増税など絶対にすべきでないと思っています。

一昨年11月、安倍さんは17年4月には確実に10％へ消費税を引き上げるということを約束し、突然の解散総選挙で以て消費再増税延期という難事を成し遂げました。ただし私に言わせれば、その時された発言に問題があったのではないかと思います。

つまり、あの時点で安倍さんはシンプルに、再増税を延期することおよび経済に自信を得た局面で実施するとだけ、国民と約束されたら良かったのではないかと思うのです。何時まで延期するなどと余計なことを言われる必要はなかったわけです。

　昨今の御発言を聞いていても、「リーマン・ショックや大震災のような重大な事態が発生しない限り、確実に実施していく」と言われてみたり、「世界経済の大幅な収縮が起きているか、専門的見地の分析も踏まえ、政治判断で決める」と言われてみたりと、兎に角そういう余計なことは言われなくて良いのです。

　将来の事象など所詮〝Nobody knows〟なのですから、ものを言う時はシンプルに言葉を選んで発すべきです。余計なことを言えば、後々色々と苦労しなければならなくなるのです。

　何れにせよ「17年4月には確実に10％へ」との約束は最早それはそれとして、時の経済状況に変化が見られたのですから、安倍さんは当たり前のように前言を撤回すべきです。いま世の中の変化というのは、そのぐらい激しいものです。ひょっとしたらむしろ財政刺激をやらねばならない感すらあるのが実体経済の現況です。ゆえに安倍さんは涼しい顔で政策変更に踏み切れば良いのです。

　上記してきた通り勿論、一旦コミットメントした事柄ですから、一応の大義名分というものは必要です。そういう意味で私の結論としては、安倍さんは国民に対してノーベル経済学賞受賞者の教授陣が異口同音に「現在のタイミングでは消費税を引き上げる時期ではない」との認識を示している、とだけシンプルに述べられて政策の正当性を主張されれば良いのではないかということです。

一流の経営者は、一流の政治家になれる？

（2016年6月24日）

▼トランプ氏は一流の政治家になれるか？

松下幸之助さんは御著書『リーダーを志す君へ―松下政経塾塾長講話録』の中で、次のように言われています。「経営といい、政治といっても基本的には一緒だと思いますね。（中略）経営と政治というと、経営の一番大きなものが政治ですね、早く言えば（中略）。だから、経営者として立派な経営者は、立派な政治家になれるし、立派な政治家は、どんな複雑な企業体へいっても立派にちゃんとやっていけると思います」。

これは、ある塾生が「私は将来、経営者を目ざしているのですが、塾長は、経営者と政治家の違いをどのようにお考えでしょうか」と問うたのに対し、松下さんが塾長として話された言葉の一部です。松下さんは政治と経営に「相共通性がある」と、こう述べられているのです。

では、米国次期大統領になるかもしれないトランプ氏が大政治家になり得るかとお尋ねしたら、松下さんはどう御答えになられるのか仮に生きておられたら少し伺ってみたいものです。

松下さんからして、そもそもトランプ氏というのは一流の経営者でない、と言われるかもしれません。しかし事実彼は、「米屈指の『不動産王』」と称される人物です。松下さんの御考えが正しいとしたら、トランプ氏に政治をやらせてみても、十分に出来るのではないかということにもなりましょう。

先月30日のブログ『オバマ大統領の功績を称える』でも指摘した通り、仮にトランプ氏が米国の次期大統領に就くとしたら、私は取り分け貿易政策や安全保障政策が激変するリスクを懸念します。米国の「孤立主義」の再来を思わせるような政策変化は、米国のみならず世界中の多くの国にとっても良い話ではないでしょう。

他方で戦後日本の政界を見るに、日本で大経営者と評された方がその後「立派な政治家」に成られた、といった類は余り聞かれません。そういう中でも例えばかつて、「絹のハンカチ」と称されて首相候補にまで躍り上った、藤山愛一郎（1897年―1985年）さんという政治家がおられました。必ずしも大経営者とまでは言えませんが、当時の大企業の経営者でした。

彼は我国の「製糖王」と言われた藤山雷太（1863年―1938年）さんの長男で、岸信介内閣で外務大臣を務められ日本「最後の井戸塀政治家」とも呼ばれた品格のある人物でした。しかし、雷太さんの遺産を注ぎ込んで総理総裁に就かんとチャレンジし続け、結局はその夢叶わずでした。

ただし、政治と経営に基本「相共通性がある」ということはある面で事実であると思います。しかし、それが100％当てはまるか否かに私は、クエスチョンマークです。

1％ vs. 99％ ―トランプ現象とブレグジット―
（2016年8月8日）

▼格差拡大への不満と怒り

先週金曜日、私は「トランプ本人よりも、トランプを支持してここまで持ち上げた民衆の方が不気味。彼らをここまで来させたのは何か、それこそが問題」とリツイートしました。ドナルド・トランプ氏が米国共和党の大統領候補指名を受けるという、世界中の多くの知識人にとって意外なことが起きました。一体この背景は何かと考えてみるに、その根本にいわゆる「1％対99％」があるのではないかと私は思っています。

We are the 99％（我々は99％だ）。これは、国民の1％程のウォール街にいるような大富豪達が、残り99％の犠牲の上に、より裕福になって行くとして、2011年に経済格差是正を求めて起こったデモのスローガンです。このムーブメントは同年、米国ウォール街より世界各地に飛び火しました。税金は税金で次々取られて行くにもかかわらず、財政が逼迫し十分な社会保障が受けられなくなって行く状況があります。「苛政は虎よりも猛し」とはよく言ったもので、中間層の破壊が深刻化し富裕層は増税に耐え兼ねて逃げ出して行く、といった具合です。

上記観点よりは例えば、先月の受諾演説でトランプ氏は「世帯収入は、16年前の２０００年以降、４０００ドル以上も下がっています」とか、「私の対立候補は、わが国の中産階級を破壊してきたほぼすべての通商協定を支持してきました」とか、あるいは「記録的な入国者が数十年続いた結果、私たちの市民、とりわけアフリカ系アメリカ人とヒスパニック系アメリカ人は賃金の低下と失業率の上昇にさらされました」等述べていたようです。

世の中を変えて欲しいという99％の側の切なる願いは09年1月、一つの大きなチェンジをもたらしてくれる象徴の如く当国史上初の黒人大統領としてバラク・オバマ氏に託されたわけですが、彼等の思いが満たされるようにはなって行きませんでした。結果、白人の大資産家であるものの「アメリカ・ファースト」を掲げるトランプ氏であれば、大きなチェンジがもたらされるのではといった希望が生まれ、格差が拡大する現況に不満を募らす99％の側が、大多数の知識人の見立てを大きく外す形で彼を本選に導いたのではないでしょうか。

この1％対99％の結果という意味では、「ブレグジット（Brexit）…英国のＥＵ離脱」についても同様に言えましょう。例えば、先々月28日の中央日報社説「英国のＥＵ離脱の背後にある怒りの民心、韓国も例外ではない」にも、次の記述がありました。「グローバル化の過程で落ちこぼれ疎外された低所得、低学歴、非熟練労働者階層の積もり積もった挫折感と怒りが、政治エリートが主導してきた既存の秩序をひっくり返す反乱を起こしたのだ。移民者に対する門戸の開放と国境なき自由貿易の恩恵が少数に集中したことで、ますます格差が広がっていることに対する怒りが自虐的な選択をさせたとも言える」。

ブレグジットという歴史的決定の翌日、私は「歴史を動かしたのは65+のシニア世代。18~24才との差」というコメントをリツイートしました。「移民が俺達の仕事を奪う」「誰のための税金だ」と思う国民、あるいは「昔は良かったなぁ」と思う老人等が増えたがゆえで、これまた1%対99%の一帰結と言えるのかもしれません。

第7章　企業と投資の世界を見る

ＩｏＴ時代の「走る凶器」

（２０１５年10月２日）

▼イスラエルベンチャーへの投資

『野村週報』の15年9月14日号の記事「ＩｏＴ時代の到来」に、「センサや通信機器を搭載したウェアラブル端末、各種家電等の消費者製品、製造機械、自動車等あらゆるモノがネットに接続されよう（中略）。今後は人、モノ、プロセス、データ等全てがデジタル化された世界が来る」との記述があります。

「情報通信白書平成27年版」で総務省は、「様々なモノをインターネットにつなぐＩｏＴ（インターネット・オブ・シングス）が10年で5倍に拡大するとの試算を初めて公表した（中略）。ネットにつながるモノの個数が20年に５３０億個になり、11年比で5．1倍になる（中略）。分野別で最も高い伸びが見込まれるのは自動車で、年平均30％の伸びが続く」との試算を7月下旬に出しました。

同時期に行われた基調講演「SoftBank World ２０１５ 情報革命で、今日、次の世界へ」に集った聴衆を前に、孫正義さんは「40年には全世界で10兆個ものデバイスがインターネットに繋がる」と言われ、「ＩｏＴ、ＡＩ、ロボットこそ成長分野」と説かれて「人類の生活に大きな影響を与え得る」と述べられたようです。

当該分野における私共の直近の取り組みとしては、先月24日のプレスリリース「自動車特化型サイバーセキュリティーソリューションを提供するイスラエルベンチャー、Argus Cyber Security Ltd. への出資に関するお知らせ」にある通りです（以下、「アルガス社」）。

当社子会社のＳＢＩインベストメントが行った今回の出資は、アルガス社が実施した総額26百万米ドルの資金調達に際し、売上高で世界第二位の自動車部品メーカーであるカナダの Magna International Inc.、世界最大手の保険会社であるドイツの Allianz SE を含めた数社と共同で引き受けたものであります。

上記プレスリリースでは当領域を巡る現況につき、次の通り御紹介しました。「テクノロジーの進歩に伴い、近年製造される自動車には操縦部分、エンジン、ＡＢＳ、エアバッグ、エンターテインメント等に多くのコンピューターが組み込まれ、それらは車内のネットワークを通じて相互接続されています。また、スマートフォン等の外部デバイスからの自動車への無線アクセスや、車両同士が情報をやり取りする無線通信によって安全運転を支援する車車間通信システム等、利便性を高めるため自動車が無線通信を活用する機会は増加しており、インターネット通信・多様な無線通信機能を付加したコネクテッドカーも急速に普及しています。しかしその一方で、無線通信等を通じて、車両に搭載されたコンピューターがハッキングされる等、自動車がサイバー攻撃を受けるリスクに対する懸念が高まっています」。

我々が当該投資をテレビ会議で決めて直後、日本経済新聞朝刊（15年7月24日）に「自動車ハッキング対策着手、制御システム侵入、遠隔操作」と題された記事がたまたまありました。その記事中「インターネットに接続できる『つながる車』を巡る安全上の懸念が高まっている（中略）。ハッキング対策には専門の会社の知見も欠かせない」として、丁度このアルガス社が紹介されていました。私自身この件は近未来、人命に対するリスクに係わる大変重要な問題と認識をし、本決定を行ったものです。

▼サイバー攻撃への包括的なセキュリティー

この私共の動きは昨今海外のメディア等でもかなりの反響を呼んでいて、先月ウォール・ストリート・ジャーナルやロイター等に掲載された記事では、我々の社名も新たな投資家として言及されていました。また例えば前者の媒体記事では、「一年前まで必要性が理解されなかったソリューションが、現在彼らの最優先事項となっている」というアルガス社CEOの言葉も載せられていました。

昨今いわゆる「フォルクスワーゲン（VW）ショック」が自動車業界を震撼させているわけですが、将来的にはこの「VWショック」以上に「業界を揺るがす〝事件〟」になり得る端緒が、実は今夏米国で既に起きていたのです。日経テクノロジーオンラインにも先月1日「Jeep ハックの衝撃」という記事がありましたが、今年7月「サイバーセキュリティの専門家が実験の中でインターネットを使い走行中の車両を乗っ取る様子を公開したことを受け、フィアット・クライスラー社が、車両に搭載された無線通信ソフトウェアをサイバー攻撃予防に対応する形に更新するため米国で約140万台をリコールすると発表」したというのです。

そのハッキング動画「Hackers Remotely Kill a Jeep on the Highway—With Me in It」は先週金曜日ツイートしておきましたが、自動車に対するサイバー攻撃への対処は当業界での最優先対応事項として注視されているものです。先の総務省試算を挙げるまでもなくこの市場は今後拡大が見込まれている上に、イスラエル防衛軍インテリジェンス部隊の最高峰とされる8200部隊の出身者を中心に2014年4月に設立されたアルガス社は、中でも大変な事業成長が期待できると私は見ています。

アルガス社のソリューションというのは、一般乗用車に加え、自動走行車やコネクテッドカー等その特性をより無線通信に依存する次世代型の車両も対象とし、多岐に渡るサイバー攻撃のゲート全てに対し包括的にセキュリティーを施すことが、その目的かつ特色です。既に発生している自動車へのサイバーハッキングは、自動走行車に対するものでなく通常の自動車に対して行われています。こうした切迫した現況を踏まえ、自動車メーカー各社は水面下でサイバーセキュリティー強化を推進しており、そうしたニーズに応ずべく同社ソリューションは、広く一般に流通する自動車を広範にカバーすることを念頭に置いているのです。

私共SBIグループとしても今回の出資を契機に、SBI損保の自動車保険事業では一方でITを駆使したテレマティクスを利用した保険料の設定、他方でアルガス社のソリューション活用によるセキュリティー事業展開を検討して行きたいと思っています。

現実問題として自動車という「走る凶器」とも称される「タイヤの付いたコンピューター」は、車内の人達のみならず通行人等の生命を脅かすことにも繋がり兼ねない重大なリスクを孕んでいます。我々人類は早急にこの問題に正面から向き合い、対応して行かねばなりません。

続・IoT時代の「走る凶器」

（2015年10月5日）

▼人命に直結したリスク回避

『野村週報』15年7月27日号の記事「自動車のネットワーク端末化」に、「課題として、セキュリティー対策が挙げられる。自動車が常時インターネットに接続されると、外部から不正侵入し自動車を遠隔操作されるリスクが増大する。これは個人情報漏洩といったレベルの話でなく、人命に直結したリスクとなる。インターネット、スマホビジネスのように事業展開と並行してセキュリティー強化を図るというやり方は通用しない。完璧なセキュリティー対策を実施してからサービスを行うことが必須となる」との指摘があります。

自動車のハッキングリスクに対する防衛手段としては現状、大きく言って次の2つのアプローチで対策が試みられています。一つは「車両内ネットワークの暗号化」で、パソコンで言えば「インターネット通信時の暗号化」のイメージです。これに関しその効果は高いものの、導入に際しては乗り越えねばならない困難が非常に大きいのがデメリットです。

そしてもう一つは「車両に対するサイバー攻撃の防御」で、パソコンで言えば「ウイルス対策ソフト」のイメージです。これに関しては導入のハードルが比較的低く、効果も見込み易いのが特徴です。当社子会社SBIインベストメントの出資先である自動車特化型サイバーセキュリティーソリューションを提供するイスラエルベンチャー、Argus Cyber Security Ltd. のソリューションはこれに当たります。

例えば、あるモバイルセキュリティー大手の共同ファウンダーでありCTOのKevin Mahaffeyという人は「まだ始まりにすぎない」と言及しつつも、「全メーカーがこのガイドラインを実施すれば、自動車のサイバーセキュリティーは飛躍的に向上するだろう」として次の具体的方策を挙げています。

それは「第一に、セキュリティー脆弱性が見つかるたびに高価で時間のかかるリコールを行わずに済むために、無線アップデートシステムが必要だ。第二に、メーカーはインフォテイメントシステム（インフォメーションとエンターテイメントの機能を幅広く提供するシステム）と、重要な運転システムを分離し、両者間の通信を密に制御する必要がある（中略）。第三に、メーカーは何らかの攻撃が成功して個々のソフトウェア部品を占有することを想定し、仮に攻撃者が一つのシステムに侵入しても、自動的に車両全体へのアクセスが可能にならないようにすべきだ」（TechCrunch Japan）という3点です。

振り返って見れば今年に入っては代表的事例だけ挙げてみても、年初より「Progressive の Snapshot ツールに脆弱性：車のハッキングの可能性も」（1月）、「ドアロックを勝手に解除、ＢＭＷがスマートフォン操作機能の脆弱性を修正」（2月）、「トヨタなど相手　米で集団訴訟　リコールや賠償求める」（3月）等々、自動車セキュリティーに関するニュースは以前に比し劇的に増えており、欧米を中心として法制化の流れが出来ています。

このほぼ同時期には米国議会で、上院議員である Markey 氏が自動車サイバーセキュリティーに関する報告書を発表し、「無線通信や遠隔操作を通じて、数百万台の自動車の安全性やプライバシーが危険にさらされている」ことを明確に指摘して、更に「この新たな無線通信時代において、自動車に乗る人々の安全とプライバシー保護を確実にすることを自動車メーカーに要求する必要がある」と言明し、当該産業への規制強化を示唆するという動きもありました。

そして7月、前回ブログで述べたように著名ハッカー2名および専門誌がクライスラー車のサイバーハッキングを実施し映像を公開したわけですが、その直後米国ではこのMarkey氏およびBlumenthal氏の両上院議員が自動車サイバーセキュリティー義務化に係る具体的な法案の枠組みを発表し、自動車サイバーセキュリティーの基準を定めてセキュリティー水準を計るレーティングシステムの提起を行ったというわけです。

▼国家の安全を脅かす事態も

日本でも以前より議論自体は行われていますから、そう遠くない将来に何かしらの法制化もしくはセキュリティーに対する指針、あるいは業界ルール等が策定されると思います。このハッキングリスクに対する理解を一段と深めると共に、その法制化の動きに対し急を要して行くというスタンスがなければ、私は「個人の深刻な安全問題になるだけでなく国家の安全をも脅かす」ことになるのではと危惧しています。

今年で18回目を数えた情報セキュリティーの世界最大イベント「ブラックハット」がこの8月に米国で開催され、ある講演で米国の著名ハッカーが「将来は飛行機の中から人工衛星を乗っ取れる」と説明し話題を呼んだとの報道もありました。先々月7日の日経新聞朝刊記事に拠れば、ネットによる遠隔テロが現実味を帯びたのは10年。イランの核施設がサイバー攻撃を受け運転停止した頃からで、今発電所など日本国内の重要インフラ事業者を狙ったサイバー攻撃は14年度で１２５７件と1年間で3倍になったという現実を直視し、企業は製品・サービスの開発の初期段階から、遠隔テロをいかに防ぐかという視点を盛り込んでいく必要がありましょう。

私は本年4月末のブログ『「官邸ドローン事件」に思う』の中で、「このドローンに対し一刻も早く適切な規制が施されねば大変な事象が生じ得る危険性がありますし、仮にそれを施したとしても『ドローン無法地帯』の中で買い溜めた連中がそれを用いて犯罪行為を仕掛けてくるリスクは依然残されたままではと憂慮しています（中略）。中国で簡単に作られ（液体）爆弾も搭載出来るとなれば、『ＩＳ（Islamic State、イスラム国）』のような過激組織が自爆に代わるテロ行為に用いるリスクは想像に難くないわけで、多くの犠牲者を生む凄惨な事件が起こりはしないかと、私は非常に心配をしております」と述べました。

そして上記に続けては、「ドローンを巡る『革新』は日々様々な形で行われています（中略）。こうした『革新』に対して、マイナス面ばかりを指摘するのでなく既存物のより良い代替的なものになって行く可能性が高いものでありますから、ドローンが創造し得るプラスの側面に関しても、我々はきちっと目を向けるべきだと思います」と書きました。

海外ではドローンの「乗っ取り」ということも試されており、このドローン同様2度に亘って長々と述べてきた「つながる車」についても、その制御システムがハッカーに乗っ取られ正常にワーク出来なくなったならば、彼らの思い通りに様々な事柄が遠隔で操作されてしまうのです。仮にその彼らがＩＳの連中で「自動車ハッキング」「飛行機ハッキング」などの類を起こし得る技術を握れば、国家の枢要な人間の生命が危ぶまれるということにもなり兼ねません。我々人類は、「つながる車」の運用リスク次第で起こり得る大惨事を認識し最悪の事態等を想定した上で、法整備を含めた安全管理体制の取り組み強化が求められているのです。

ソフトバンクのＡＲＭ買収

（２０１６年７月28日）

▼IoTがもたらすチャンスをつかむため

「ソフトバンクが英国の会社を大切にしてくれることに（メイ氏は）非常に感謝していた。孫正義さんは今週月曜日に訪英され、テリーザ・メイ英首相との会談後、当該国の「歓迎」ぶりをこう話されたようです。

その一週間前「ソフトバンク、約３．３兆円で半導体設計大手の英ＡＲＭを買収」との報道に触れた時、私がぱっと思い出したのはキングストンテクノロジーを15億ドルで同社の80％買収した20年前の案件でした。

95年ＣＦＯとして私がソフトバンクに入社して以降、ジフデービスやコムデックス等々、孫さんが買いたいと言われた沢山の企業を次々に買収してきました。その一つが上記のパソコン用の半導体メモリモジュールの会社で、ジョン・トゥさんが経営されていたキングストンテクノロジーです。

「半導体には好不況が必ずあるのでは？」と言われていた当時、孫さんは「需要が落ちようが利益幅を維持しながら、今までもずっと推移してきている」とか「ＤＲＡＭ価格が下がっても、Kingston の利益は増加しており、むしろ追い風となっている」等と説明されていて、私もその意に沿う形でプレゼンテーションの資料を作った覚えがあります。

そして今回「世界のスマホの95％以上に内蔵される半導体」を設計する最大手、ＡＲＭの買収に際し孫さんは次の通りコメントされています。「今回の投資の目的は『ＩｏＴ（モノのインターネット）』がもたらす非常に重要なチャンスをつかむことにあり、ＡＲＭは、当社グループの戦略において重要な役割を果たしていくでしょう。加えて、今回の買収は、当社の英国に対する強いコミットメントと、ケンブリッジにおける豊かな科学技術の才能集団がもたらす競争上の優位性を特徴としています」。

調査機関等に拠る各種見通しを示すまでもなく、確かにＩｏＴ（Internet of Things）というのは大変大きなマーケットになって行くでしょう。ただし孫さんが今回「ネット社会の圧倒的な根源を握る」べく、「たかが3兆円」で買収に乗り出したＡＲＭという会社が、今後も変わらずこの世界の覇者足り得るかと言えば、それは分からないと思っています。

これから後「ブレグジット（Brexit）…英国のＥＵ離脱」が及ぼす悪影響として取り分け注視すべきは、ＥＵ諸国よりの人の流入の垣根が高くなって行くということ、あるいは難民に限らず他国から英国への移動が制限されて行く可能性があることに繋がるのではないかということです。

冒頭挙げた「孫・メイ会談」で改めて孫さんは、「英国内に約1700人いるアームの従業員を今後5年で2倍以上に増やしたり、アーム本社を英ケンブリッジに置き続けたりする方針」を話されたと報じられています。

こうしたテクノロジーの分野では、英国人だけで大丈夫かと言えば、決してそういうものではないでしょう。例えば中国人が今、米国の高度科学技術の最先端領域でどれだけ活躍し出しているかと様々見るに、やはり優秀な人材が世界中から常に集まってくることがこうした領域では大事だと私は思っています。

▼ブレグジットの悪影響はどうか

科学技術の進歩や革新にとって、人材の多様性というものは非常に重要です。何の世界でも画一的・均一的になってしまえば、そこに進歩というものは無くなるとすら思っています。インターネットやバイオテクノロジーでもそうですが、多様性が重んじられる環境下、様々な人間が世界中から自由に集まってくることが一企業、延いては当業界の興隆に必要不可欠だと私は考えています。

かつても『日本の教育、欧米の教育』（14年4月2日）というブログで指摘した通り、例えばノーベル物理学賞であれノーベル化学賞であれ、その受賞者を見てみると、日本人であれ外国人であれ大学を卒業した後に渡米し、研究者としてそこで博士号を取得するとか、あるいは長期間現地に滞在し研究活動に従事した、といった人が多くを占めているという事実があります。

あの第二次世界大戦時にも、アルベルト・アインシュタインをはじめ世界トップクラスの科学者達がナチス・ドイツの迫害を逃れ、新天地を求めて米国へと脱出して行ったケースがありました。

米国という国は、どこの国の出身であろうと、何人であろうと、優秀であれば自由な中で色々な事柄にチャレンジをさせ、そして起業するのであればそういう人の始めた会社に国や地方公共団体の助成金のみならず、エンジェルやベンチャーキャピタルも含めきちんとお金をつけて色々な形でサポートして行く、といった風土が備わっています。

あるいは米国内からでも、多様な人間の集まるシリコンバレー等を目指して行く起業家も非常に多くなっています。つまりは、そこに一つのイノベーションをもたらすシステムを上手く創り上げているわけです。ブレグジットは英国に、そうした土壌の喪失を招くのではないかと危惧しています。

テクノロジーの「シンカ（深化・進化）」は、日進月歩の発展を遂げて行っています。今回ソフトバンク史上最大の「3兆円買収劇」より思い出したキングストンテクノロジーの件で更に言えば、ソフトバンクは当該企業の買収から3年後の99年、4．5億ドルでトゥさん等にその持分の全株式を売却しています。

そこからキングストンテクノロジーは勢力を盛り返し、その6年後の05年には上海で当時世界最大規模のメモリモジュール工場の開設に至ったわけです。しかし、かつてのようにはパソコンを使わない時代となった今、結果論から言えば、あの時に株を売っておいて良かったのかもしれません。

何れにせよ、ブレグジットでARMを巡る状況は中長期的に大分変わってくるでしょうから、そういう意味でも先頭を切って走り続けるのは簡単なことではないでしょう。繰り返しになりますが英国という国はブレグジットにより、人材の自由な流れを制限して行く可能性を秘めた世界に入って行こうとしている、ということを忘れてはなりません。

新産業クリエーターを目指す

（2016年2月17日）

▼夢、ビジョンが鮮明か

『ネットマネー』2016年3月号の「巻頭インタビュー」に、タレントの加藤浩次さんの次のコメントが載っています。「株で儲かる人と儲からない人、『この差』は知りたいですよね。ちなみに僕は、儲かってますよ（笑）。（中略）僕は個別銘柄も、自分が好きだなと思った企業の株を持ち続けるタイプ。結局、それが一番だと思います」。

このテーマで私見を申し上げますと、まずは株で勝った負けたというのを短期で考えるか否かが一つあると思います。例えばウォーレン・バフェットの場合は時代の変化を先取りしたり、また時代の変化の本質を確実に捉えながら常にそうした「長期的に伸びると予想している企業」に対する投資を続けています。

「バークシャーはコカ・コーラやジレットの株主ですが、私たちはパートナーとして認識しています。投資に関する成功は、毎月の株価変動ではなく、長期的な成長で考えています」とはバフェットの言葉の一つです。彼にとって「今日や明日、来月に株価が上がろうが下がろうが、どうでもいい」話であり、「短期的な株価変動は、魅力的な価格で株を買い増せる以外に意味のないもの」です。一つの投資哲学の下、彼自身が信じられる会社をずっと探し続けて買い続け、そしてそれを持ち続けるということをやってきている彼の株式投資あるいは銘柄選択に関する考え方は、全くその通りだと思うことが多くあります。

当ブログではかつて、『長期投資と短期投資について』（07年6月11日）指摘したことがあります。投資期間を考える場合、それは「資金的余裕があるか」「経済情勢がマクロやセミマクロの視点から見て安定しているのか」「事業内容や経営者を見て、企業の成長性があるか」等に拠り判断する必要がありましょう。その結果長期保有できる株であれば、長期の方がパフォーマンスは高くなると思われますし、またある会社の事業や将来性に賭けるという意味での投資であれば、やはり必然的に長期にならざるを得ないと思います。私自身、自分で見て「これ！」と思った会社の株を早々売ろうとは考えません。そこに夢がありビジョンが鮮明に描かれていて、その成長可能性に対する揺るぎない自信があるならば、長期投資に越したことはないと思います。

▼経営者の資質を見極める

この長期的に伸びる企業の見定め方の一つとして、私は『ＩＲ通信』２０１６年3月号のインタビュー記事で次のように答えました。「最も役に立つ情報は、経営者の資質が分かる情報でしょう。企業として時間の関数で売上が伸びて行く事業を展開していても、経営者が目先の利益を追っているようでは長続きしないからです。一方、長期的視野を持ち世の中を良くして行きたいといった志を持っている経営者は、じっくり腰を据えて事業を展開しようとします。投資家にとって最も大事なことは、経営者の資質を見極めることなのです」。

金儲けをしようと思って株に投資するというのでなく、結果として儲かるといった具合に考えた方が良いでしょう。例えば加齢黄斑変性（加齢によって網膜の中心にある黄斑部が異常を来し、徐々に視力が低下して行く病気）を初めとする網膜疾患に対する治療薬開発を目的として、02年に米国シアトルで創業14年2月に東証マザーズへ上場したAcucela Inc.（以下「アキュセラ社」）という会社があります。私共はこの創薬ベンチャーが未公開の時に投資に踏み切り2番手の大株主でありますが、その投資の決定はアキュセラ社の開発しているものの将来性とインパクト、そして窪田良という人物の経営者および開発者としての能力等々を様々見定めた上で行いました。

この病気は欧米では失明原因の1位に位置付けられ、全世界で約1．3億人の患者がいると言われていますが、窪田さんはその治療薬の開発しかも飲み薬という形での挑戦をしています。本年6月にはこの「夢の薬」のトップラインデータが発表されるということで、多くの人が失明から救われることになるかもしれない画期的な瞬間を我々は迎えられるかもしれません（補足：本年5月26日にアキュセラ社が発表したドライ型加齢黄斑変性を適応症とする「エミクススタト塩酸塩」に関するトップライン結果ではその有効性が確認されませんでしたが、同物質を使って引き続き糖尿病網膜症やスターガート病を適応症とする薬の開発を進めています）。

脳に送られる情報の8割は目から得ていると言われており、視力を失うことで人間は悲劇的な状況に陥ってしまうかもしれないのです。我々人類を救うべく大志を抱いている窪田さんがトップの会社であるからこそ、私はアキュセラ社に投資することを決めたということであります。

▼脱工業化社会にふさわしい新産業を

私はこれからも投資分野ではサニーサイドを追い続けたいと考えています。時間の経過と共に余り伸びて行かないと思われる領域には一切投資したいとは思いません。例えば野村證券時代に私が鉄鋼のアナリストをやっていた時分、この業界には沢山の会社がありましたが、今月1日の「新日鐵住金（株）による日新製鋼（株）の子会社化等の検討開始」という動きにも見られるように、当業界ではどんどんと集約化が進んでいます。こうした動きが見られる業界では国際競争が苛烈を極めており、多くの会社が尻に火が付いているような状況にあるわけです。勿論この鉄鋼の会社に投資をしたとしても、株として儲けられるということはあるでしょう。ただしそれは、私の投資哲学とは異なります。

「ミドリムシの将来性」に着目した私共は以前、出雲充さんが創業されたユーグレナという会社の最大株主でありました。あるいは4年前ノーベル医学生理学賞を受賞された山中伸弥教授が世界初のヒトｉＰＳ細胞の誕生時に使用されていた培養液を扱うリプロセルという会社にも非常に早くから投資していました。つまりは未公開の内から、その前途に光明が見出され時間の経過と共により輝いて行くと思われ、世のため人のためという志を有する人がトップを務める会社に投資を行ってきましたし、これからもそうしたいのです。

勿論、投資には当たり外れは付き物です。確率として当たる方が多く、当たった会社が世のため人のためにに貢献してくれれば良いのです。

私共SBIはコーポレートミッションの一つに、「新産業クリエーターを目指す…21世紀の中核的産業の創造および育成を担うリーディング・カンパニーとなる」として、New Incustry Creatorということを掲げています。我々はこれまでインターネットやバイオテクノロジー、オルタナティブエナジーやエナジーコンサベーション、あるいはアンチポリューションといったいわゆる「ポスト・インダストリアル・ソサエティ（脱工業化社会）」に相応しい新産業を興すべく投資戦略を構築し、そういう領域を中心に据えた中で投資を実行してきました。そうすることで、我々SBIは日本の成長産業の創造および育成に貢献してきたという自負もあります。

（2016年3月28日）

総合商社は無用か

▼特有の脆弱性を内包

連日報道されているようにこの16年3月期、三井物産・三菱商事が共に創立（47年・54

年）以来初となる連結最終赤字（それぞれ７００億円・１５００億円）に転落する見通しです。住友商事も今期１７００億円の減損計上が見込まれており、５大商社が想定する減損の合計は約９７００億円（前期６９００億円）に上る見通しです。

総合商社は「日本にしかない業態」と言われています。貿易立国という国策に支えられ、日本で英語人材が不足していた時代には、当該業態には中間搾取という収益機会が多くありました。しかし我国が貿易立国から投資立国へという世界に移って行き、英語を話せる人が有力メーカーにも多く在籍するようになり、また過去の円高局面で各社それぞれが現地生産に切り替えて行くといった状況下、商社の役割が変質してきたわけです。

総合商社は、80年代には「商社不要論」を唱えられ、90年代のインターネット黎明期には「中間業者不要論」をささやかれるなど、何度もさまざまな危機に直面してきた業態です――三菱商事のＷｅｂサイトにも、上記のように書かれています。

そして中間搾取という商社の仕事が意味を為さなくなって後、彼らは資源ビジネスというリスクテイクに傾斜して行ったというわけです。先日の日経新聞の社説でも「三井物産では利益の約8割を、三菱商事でも7割弱を資源事業が占めたことがある」との一文が示している通りです。

言うまでもなく商社というのは莫大な売上高を誇り、それなりの利益を出してはいますが、利益率で見ると非常に低いのです。日経 ValueSearch の「業績推移（業界平均値）」に拠れば、直近3期の利益率（純利益÷売上高）は2．5％（13/03）、2．5％（14/03）、1．9％（15/03）に過ぎません。そしてそうした状況でも更なるリスクテイキングをしなければ、ビジネスとして成立して行かないといった脆弱性が内包されているのです。

例えば、ドバイ原油と鉄鉱石の平均価格を15年3月期および16年3月期で比してみれば、1バレル＝83ドルから45ドルへ、1トン＝93ドルから53ドルへと大きく下落したわけですが、そういう中で資源権益の比率が低い伊藤忠商事の他は、経営は物凄いダメージを被り、大幅減益となる所が出てきたのです。

▼トップの若返りを

商社に御勤めの方には怒られるかもしれませんが私自身、随分昔から総合商社は原則無用であると言ってきた一人です。商社はこれから後、かつての成功領域で食べて行くのは難しいでしょう。

総合商社は猛スピードで変革して行かなければ、激動の時代に取り残され彼らの働き場がどんどんと無くなって行き、時間の問題で終わりを迎えるようになってしまうかもしれません。当ブログでも常々申し上げている通り、過去の成功体験にあぐらをかくことなく、常に自己否定し自己変革を遂げ、そして自己進化し続けて行かねばならないのです。

これまで商社は、ＩＴ領域でもずっと他社の後塵を拝してきました。今後たとえばFinTechやＩｏＴあるいは宇宙やＡＩ等々の成長領域に入り込み、ビジネスとして中途半端な状況に陥って行かないためには、相当に若い人をヘッドに据えて行かなければならないと思います。

それは昨年「三井物産が社内序列32人を飛び越えてトップに54歳という若さの安永竜夫執行役員を起用するサプライズ人事」を断行したように、当業界を取り巻く現下の経営環境に鑑み突飛かと思われるような英断が求められるということです。

昨年6月のブログ『撤退の難しさ』の結語で、私は「これすべて、トップはこの時世と社会を洞察しその変化に勇気を持って応じねばならず、それが出来ないトップであれば国であれ企業であれ末は破滅の道を辿る」との指摘を行いました。

第8章　折々に思索する

現在の晩婚化に思う

（2016年4月19日）

▼若くして結婚できる方策を

先日、中国戦国時代初期の思想家である墨子の「富国論と人口増殖論」について書かれている本を読んでいました。その中に墨子の時代の「人口の増加を妨げる諸種の原因」として、下記の「およそ六事を論じて」いました。

その一は晩婚である。彼の理想は男は二十、女は十五になればみな配遇者を有すべきである。普通の結婚は平均十年後れている。もし三年に一度出産するものとすれば、その十年間に一組の夫婦について三人づゝ人口を損じたわけである。第二は公租公課の苛重、第三は戦争、第四は殉死、これにいたつては、その弊戦争とほとんど変わらない。天子諸侯となれば、殉死いな殉殺の数何百人に達し、将軍大夫と雖も数十人に上ることがある。第五は厚葬久喪の害、第六は蓄妾である。諸大名になると、多きは何千、少きも何百といふ女を抱へている。それだけ民間に男女の比例を破るものである。

いま人口増加の必要性やその方策についての議論は我国でも結構なされてはおりますが、若年で結婚させるというような発想は、恐らく余り無いのではという気がします。次に公租公課の苛重ということでは、やはり何時の時代でも重い税負担感は人口増加にマイナスに働きます。

第三の戦争・第四の殉死で言えば、現代日本では幸いなことに無いと言える類です。また厚葬久喪の害、つまり長い間喪に服すとか厚く葬るとかは駄目だとするのも、日本ではそれ程の事はありません。

そして最後に妾を囲う云々と書かれているものですが、私にとっては取り分け晩婚の話が大変面白く感じられました。人口増殖は現代的問題というよりも実は墨子の時代、一国の死活問題としてよりシリアスに考えられていたわけです。

晩婚化が進めば進む程確かに子を授かりにくくなり、それがため不妊治療を受け子供が出来るか否かと気を揉んでいる人が、どんどんと増えているのが現状です。しかし墨子の言にあるように、晩婚より早く結婚した方が不妊の確率が下がり得ると思いますし、人口増加に繋がると思います。

若くして産んだ子を経済的理由で十分養えないとする議論に対しては、例えば何歳までに子供を産んだ場合には、生活費として手厚い保障を一定年齢まで与えるとか、あるいは段違いに格安の家賃で住めるよう公営住宅を与える等々、様々な施策で応ずれば良い話であり、またそれが強いインセンティブになるものです。

言うまでもなく、私は現代的価値観に基づいて女性の15歳からの結婚ということは無理でしょうから、それを主張するものではありません。しかしこれまで採用されている現行施策によっては、現に子の数が中々増えては行かないようです。今まで議論されていない事柄も含めて少し違った視点からこの人口増殖の問題を捉え直してみてはどうかと思うのです。出生率向上のインセンティブの与え方次第では、政策目標の達成は意外と難しくないかもしれません。

気付きを得る

（２０１６年４月22日）

▼本を味読し、関連書を読む

太田アカウンティンググループ代表の太田孝昭さんは、「心の洗濯」と題したコラムの中で次のように言われています。「会社経営を行うとは、様々な問題と向き合うことからスタートする気がします。（中略）頭の中が問題で溢れかえっていることもまた事実です。何によって頭を整理すれば良いのでしょうか」。

太田さん御自身では「自分に合った先人の教えに浸ってみる」のが一番だと思われているようで、そうすることで「心が洗われ、ロマンに満ちた世界が広がり（中略）、そこから新たな勇気を貰える気がします」と述べておられます。

私の場合はというと自分で言うのも何ですが、頭の中は常に整理されていますから（笑）、そもそも本を読んで云々とかと考えたことがありません。もっと言えば、頭の整理を意図して何かに取り組んだという経験がありません。

私が本を読むのは、頭の中が問題で溢れかえっているからというよりも、唯々時空を超えて様々な人の考え方や世の中の出来事に触れ、主体的に（言ってみれば当事者になった感覚で）それらを考えるのが楽しいからです。

だから日頃より古典に親しむというか、様々な書物を読んでいます。そして読み終えたものの内、特に深い感銘を受けた本や強い感動を覚えた本につき味読して、更には当該書の中で紹介されている本やその人の本をまた読んで行くのです。

前回のブログ『現在の晩婚化に思う』で取り上げた墨子の「富国論と人口増殖論」は、その具体例の一つと言えましょう。即ち、人口増殖という現代的な問題に対し、その時代墨子が如何に考え、どういう答えを示したかということです。現に子の数が中々増えては行かない現行施策を直視すべく、今まで議論されていない事柄も含め、少し違った視点から人口増殖の問題を捉え直してみたわけです。

かつても当ブログで指摘したように、私は時代が進む中でまず頼るべきはネットという形になっている現況が少し問題ではないかと思っています。私は読書を全くせずに物事をネットで部分的に把握するということでは、極めて不十分だと考えています。

言うまでもなく、ネットでちょこっとかじるというだけでは、その人を全人格的に理解することなど出来るはずもないでしょう。ネットも良いですが、やはり古典や精神の糧になる本を主体的に読んで行くといった習慣も、きちっと身に付けるべきだと思います。

『64歳の今、音楽と共に読書あり』とは、1年程前の私のブログタイトルです。最近ではクラシックを聞きながら本を読む等、段々と嗜好が変わる中で色々試しています。その方が何となく違った考えが閃き、気付きがあるような気がしています。

（2016年4月12日）

進歩を止めるもの

▼文韜《ぶんとう》にある「三者」

安岡正篤先生は御著書『瓠堂語録集』の中で「進歩を止めるもの」と題して、「善を見て而《しか》も怠り、時至って而も疑ひ、非を知って而も処《お》る。この三者は道の止む所なり」と書いておられます。

これは古代中国の有名な兵法書『六韜《りくとう》』の一の「文韜」にある言葉で、先生は「この三つがあればどうしても進歩が止まってしまう」というふうに言及されておられます。

進歩という語を国語辞書で見てみれば、「物事がしだいによりよいほうや望ましいほうへ進んでいくこと」とか「歩を進めること。前進」等と書かれています。安岡先生が言われる「進歩」とは、こうした意味と若干ニュアンスが違うように私には思われます。

即ち、冒頭挙げた「進歩を止める」とは結果として悪い方向に向かって行く、ということだと思います。前記の三者により進歩が止まるというよりも、事態が良い方向に行かず、悪化することになるのです。

第一に、「善を見て而も怠り」であります。これは洋の東西で昔から、「善は急げ」や「make hay while the sun shines」等々と言われている通りです。

第二に、「時至って而も疑ひ」であります。「時機というものを見ながら」疑心暗鬼で決断が出来なければ、勝機を逃がすことになるのは言うまでもありません。

第三に、「非を知って而も処る」であります。悪いと知りながら何もせずにいるのであれば、結果は良い方向に行くはずがないでしょう。

要するに、「善を見て而も怠り」「時至って而も疑ひ」「非を知って而も処る」の「三者」とは「進歩を止めるもの」というよりも、「事を上手く運ばせないもの」あるいは「事をより悪化させるもの」と捉えるべきだと思います。

若者らしく生きる

（2016年6月22日）

▼一気呵成に

雑誌『GOETHE』（16年6月号）に、「今の若者は『内向き』なのか」と題された村上龍さんの記事があります。私は、「今の若者」と一括りにして一種の現代若者のステレオタイプとして物申す気は毛頭なく、大体そうしてみても無意味だと考えています。

それぞれの時代に若者が若者らしく生きたらば、それで良いのではないかと思います。彼らが時として向こう見ずな所があるのは、若者であるがゆえ許される特権であって、色々な事柄にどんどんチャレンジして行けば、それで良いのではと思っています。

私が若者達に常に在って欲しいと思うことは孔子が言うように、「後生畏《おそ》るべし。焉《いずく》んぞ来者の今に如《し》かざるを知らんや…後輩・後進というものは大いに畏敬しなければならない。後から来た者が、何で今の自分に及ばないと言えようか」（子罕第九の二十三）と我々のような世代の者が、思うような存在になることです。

そしてまた、仕事にしろ勉強にしろ吸収力・柔軟性に富む若い時に徹底的に知識等を身に付けておく必要があります。「ゆとり教育」など、とんでもない話です。例えば『致知』（16年7月号）の中に連載「二十代をどう生きるか」として、「伸びる人は若い時に仕事漬けの日々を送っている」という道場六三郎さんの記事がありました。「どこまでも上を目指し、謙虚に素直に人の言うことを聞く。そして、どんなに辛いことがあっても、ここが踏ん張りどころと思い、逆境をも喜んで受け入れ、苦しいことから逃げない。決して諦めない。そこが一流と二流を分けるのです」。道場さんは、こう述べられています。

これは今も昔も変わらず、全くその通りだと思います。言ってみれば大学を卒業して後、20代というのは基本的に勉強時間であり、与えられた仕事を迅速に「一気呵成」にこなして行かねばなりません。

森信三先生の言葉を借りて言うならば、「少しも仕事を溜めないで、あたかも流水の淀みなく流れるように、当面している仕事を次々と処理していく」のです。そういう日々の連続の中で鍛えられて行く過程を経ずして、終局大成することはありません。

原則としては「一気呵成」が事を成す秘訣だと言っても良いでしょう。若いうちから「一気呵成」を心掛けることにより、我々は人生においてより多くの有意義な時間をつくり出すことが出来るのです。

ちなみに上記『論語』の章句は、次のように続きます。「四十五十にして聞こゆること無くんば、斯《こ》れ亦《また》畏るるに足らざるのみ。…一方、四十歳、五十歳になっても、何一つ評判が立たないような人は、畏れるには足らない」。孔子はまた、「年《とし》四十にして悪《にく》まるるは、其れ終らんのみ」（陽貨第十七の二十六）とまで言っています。

人生80年とすれば、40歳は丁度折り返し地点に当たります。後半生を有意義なものにしたいのであれば、40歳までは仕事を通じて必死になって自己を確立する必要があるわけです。私はかつて『仕事との向き合い方～20代・30代・40代・50代～』（13年8月20日）と題したブログを書いたことがあります。御興味がある方は是非読んでみてください。

オヤジたらしとは？

（2015年10月22日）

▼世のため人のためと考える若者

先月29日の「新刊JP」というサイトでの配信記事「力を貸したくなる人が持つ3つの要素」の中に、ある会社役員が「オヤジたらし」の条件として挙げる次の3点、「裏表がない」「やりたいことをやりたいとストレートに表現できる」「信念を持っている」が紹介されていました。

商人の町であった大阪・船場では、「年寄りは若い人、若い人は年寄りを友だちにしなさい」と昔から言われてきました。若者は年長者の経験から学びを得、年長者は若者の感性から学びを得るのが大切だということです。

『若者の感性に学ぶべし』とは半年前の私のブログタイトルですが、私自身これまで若い人から色々と学んできています。基本的に年配の人は何時も、若者から刺激を受けたいと思っているものです。

また年長者が若い人と話すと、同年代の年寄りと同じ話を何度も何度もするよりも

（笑）、どちらかというと新鮮で楽しい思いをすることが、多々あると思います。逆に若者は様々な知見を有する年配者の意見を聞いてみて、感じ入ったり教えられる事柄も沢山あるのではないでしょうか。

会社組織で言ってみれば、例えば新入社員は素直さ・謙虚さを常に有し、取り分け技術の習得あるいはルーティーンの習得の類で、まずは「学ぶは真似ぶ」で先輩諸氏より学んで行くべきでしょう。

そもそも年長者と若い人の間には、そうした関係が本来あるものです。そういう中でどういう若者の特質が年配者の好評価に繋がるかは、やはり「若者らしさ」という部分に見出せると思います。

この若者らしさとは一体如何なるものかと考えてみると、一つに私利私欲に汚《けが》されずに情熱や純心さを持って、自分が描いた道を一途に突き進んで行こうとする姿勢でありましょう。

実社会で苦労した結果、世間の裏に通じ悪賢くなった人を「世間擦れした人」と言いますが、青臭い若者の純粋さの類を全て取り去ってしまった後残るもの、あるいは歳を重ねて行く程にそうしたものが増えて行き、段々と上記姿勢を失くして行くということかもしれません。

冒頭挙げた「信念を持っている」ということでは、若くして志は持っているかもしれませんが、それは信念という所までは行かないものだと思います。信念と言いますと私には、もう少し年老いて経験を積んでから抱くニュアンスを含意しているように感じます。

いわゆる「青年」が持つべきは、「青雲之志…徳を磨いて、立派な人物になろうとする心」です。それは先述の「裏表がない」という条件に、ある意味通ずるものかもしれません。清々しく穢《けが》れなき若者の話が何時も刺激的であったらば、その人を評価し応援したいと思って助けてやろうという気も起こりましょう。

「オヤジたらし」という表現は、私は余り好ましいとは思っていません。私は私共グループの様々な会社に対する投資の最終面談を数多行っていますが、青雲の志を立てた経営者をサポートしたいと常々思っています。

邪心・私欲・打算なく世のため人のためと考えている純粋な若者が、私にはアトラクティブに映ります。世慣れた先輩諸氏からしてみれば、「北尾さんも子供だなぁ」と思われるような向きもあるかもしれませんが、私自身がある面いつまでも純粋さを持ち続けたいと思い、今日まで生きてきたからかもしれません。

歓楽極《きわ》まりて哀情《あいじょう》多し

（2016年1月18日）

▼中庸の意味

「酒をきわめれば乱れあり、楽しみをきわめれば悲しみあり」。いや万事みなそのとおりでして、「きわめる」といけない。「きわめる」とおとろえるのだ——この淳于髠《じゅんうこん》の言葉は、司馬遷の『史記』の「滑稽列伝」という章にあります。

これは言わば、「過ぎたるは猶《なお》及ばざるがごとし」（先進第十一の十六）ということです。『論語』の「雍也第六の二十九」に「中庸の徳たるや、其れ至れるかな…中庸は道徳の規範として、最高至上である」という孔子の言葉があります。

この中庸とは、『論語』の中に一貫して流れている孔子の教えで、平たく言うと「バランス」を指している大変重要な概念です。こうした中庸の徳から外れたらば、何事も最終的には問題が様々生じてくるというわけです。

中庸の徳は、若くして身に付けられません。また抽象的な概念であるだけに、その考え方も簡単には理解できません。中庸という語を国語辞書で見てみれば、「かたよることなく、常に変わらないこと」とか「過不足がなく調和がとれていること」等と書かれています。

この中庸の「庸」には、如何なる時も常に心の状態を一定に保つ「恒心」という意味が含まれているのです。また東洋思想家の安岡正篤先生は「庸」の字には、あらゆるものを包括して行く・受け入れて行くといった意味があると述べられています。

そして中庸の「中」には、一歩進むという意味があるとされます。常時変わらぬ心を持って全てを受け入れながら、一歩前に進んで行くのが中庸であるとも言えましょう。中庸とは、「無難」や「折衷」あるいは「間をとる」といった概念とは、似て非なるものなのです。

中庸とは、西洋哲学の「正反合」の「合」に当たるものだと思います。より高い次元での「合」に達すべく、この正反合を進む中で一つの妥協点を見出して行くものですから、物事の平均値や中間点の類として捉えるものではないのです。

前漢・武帝の詩「秋風辞《しゅうふうのじ》」の一節にも、「歓楽極まりて哀情多し」とあります。この「歓楽極兮哀情多」も冒頭の「酒極則乱、楽極則悲」も同様に、中国古典思想の一つ「中庸」が如何に大事かを説くものだと言えましょう。

藤田田さんはなぜ「青い空銀行」を推されたのか（２０１６年1月26日）

▼名前は何文字が良いか

『現在の野党にまともなものなし』とは昨年11月、あの「民主党解党騒ぎ」の時に書いた私のブログタイトルです。それから2カ月を経ても残念ながら我国には、民主党を筆頭に政権の受け皿たり得るまともな野党はありません。

その現況は世論調査につき、直近の結果を見ても明らかです。例えば一昨日の日経新聞の記事「政権批判層、行き場なく」には、「夏の参院選で投票したい政党は？」との問いに対する3年前と現在との対比がありました。

第2次安倍政権発足の後ひと月程度過ぎた13年1月の上記世論は次の通り（%）、「与党計45（自民41）／野党計33（民主8）／態度未定21」であったのに対し、現在は「与党計39（自民36）／野党計20（民主9）／態度未定41」という状況なのです。

こうした中、民主党と維新の党は来年度予算案が成立すると見られる3月から4月をメドに合流を目指しているとも報じられています。そして報道に拠れば昨秋に両党の合流交渉が始まった初期の段階で、民主党の党名変更が両党幹部の合意事項となってもいたようです。

諸外国の政党名を見れば、各国様々ではありますが総じて然程《さほど》大きな違いはないものと思います。つまりは共産を除いたらば、自由や民主あるいは社会や労働といった名を冠した党が、その多くを占めているように感じます。

年初、先に述べた両党合流による党名変更のニュースに触れ、ふと現あおぞら銀行（旧日本債券信用銀行）の名を決めた当時のソフトバンク役員会での次の議論を思い出しました。

アンケート調査の結果に従って『「あおぞら」でどうだ』と諮った時に、当時社外役員であった藤田田さん（日本マクドナルド創業者）が、「古来より名前というのは東洋では奇数なんです。取り分け良いのは3文字、また5文字までとすべきだ」と言われたことです。

そして藤田さんは「あおぞらだと平仮名で4文字だから駄目だ」と続けられ、『「青い空」銀行として「い」を入れるべきだ』と述べられたのです。結局「それも中途半端では？」といったことで現行名になってしまったわけですが、私は「なるほど。そういう考え方もあるのかぁ」と思い聞いていた記憶があります。

そういう意味では藤田流で言うと、「ＳＢＩ（証券）」にしても「みずほ（銀行）」にしても「民主党」にしても3文字ですから、良い名前ということになるでしょう。あるいは「自由民主党」と言ったらば5文字ですから次点ですが、「維新の党」や「改革結集の会」などは「の」を付けたがために偶数になってしまっています。

それぞれは「維新党」「改革結集会」と、漢字3文字・5文字に改名した方がベターかもしれません。また「日本のこころを大切にする党」で言いますと、奇数云々以前の問題で党名として長過ぎると思います。更に私が最悪の党名だと思うのは「生活の党と山本太郎となかまたち」で、これについては藤田流に議論する意味すらないでしょう（笑）。

内村航平選手とイチロー選手の偉業に思う

（２０１６年8月12日）

▼鍛錬と恒心

昨日行われた体操男子の個人総合決勝で、内村航平選手が最終種目の鉄棒で大逆転し、見事2連覇を達成しました。その後、彼のインタビューを聞いていて、宮本武蔵著『五輪書』にある「鍛錬」という言葉を思い出しました。

千日の稽古をもって鍛とし、万日の稽古をもって錬とす――「鍛」には千日（約3年）を要し、「錬」には万日（約30年）を要するということで、継続的な努力・精進の大切さを説いた言葉です。

この鍛錬と共に内村選手の「いつも通りを心掛けた」という言葉からは、常に定まった乱れぬ恒の心、恒心という言葉も思い出しました。

日々の練習時にノーミスで出来たとしても、オリンピックという大舞台で並の選手では中々普段の自分は出せません。恒心というのは「言うは易く行うは難し」で、極めて難しいことであります。

勿論、内村選手に天性の素養があることも事実でしょう。しかし鍛錬と恒心こそが、やはり今回オリンピックという檜舞台で金メダルという結果を生んだのだろうと思います。

またイチロー選手のメジャー通算３０００本安打達成も同じく、正に鍛錬の成果でありましょう。敵地の球場で皆総立ちになる位の声援を受けるような中で、練習の成果を淡々と出すだけだと自分に言い聞かせつつ恒心を維持し、偉業を成し遂げたのだろうと思います。

この鍛錬と恒心というのは恐らく、スポーツの世界のみならずあらゆる世界に通ずるものだと私は思っています。

（2016年8月15日）

天に守られる人

▼私利私欲でなく生きる人

渋沢栄一翁は「成功と失敗について、是非や善悪など論じなくていい。いつも誠実に努力すれば、公平無私である『天』は、必ずその人に味方し、運命が切り開けるように仕向けてくれるからです」と言われているようです。

天を味方に付けるとか敵に回すとかということでは、例えば社会正義に照らし合わせて正しい事柄を常日頃からやっているかどうか、そして毎日を私利私欲でなく世のため人のために生きているかどうか、といったことで天が守ってくれるか否かが基本決まってくるものと私は考えています。

そういう意味では己の人生態度の中に、天のサポートを得られるか天より見放されるかが存するのではないかと思っています。

私が中国古典を学ぶ過程で、染み付いてきた人生観が大きく五つあります。①「天の存在」を信じる心、②「任天」「任運」という考え方、③自得——本当の自分をつかむ、④天命を悟る、⑤「信」「義」「仁」という倫理的価値観のベース、の五つです。拙著『君子を目指せ小人になるな』(致知出版社)に詳述しています。

この一番目に挙げた天の存在については、認める人もいれば認めない人もいるでしょう。私は育ってきた家庭環境の影響もあって、幼い頃から天の存在を自然と信じていました。長じて中国古典に親しむようになってからは、天の存在を確信するようになりました。

この地球上には食物連鎖という絶妙なバランスの中で、様々な生物が各々に生を育んでいます。また日が昇り朝が来て日が沈み夜が来る、というサイクルが何億年・何十億年と繰り返されています。こうした類を単なる自然現象と捉える人もいるでしょうが、私はそこに絶対者の働きがあるものと考えます。

中国古典の碩学である安岡正篤先生も御著書『易学入門』の中で、「古代人はまづ天の無限なる偉大さに感じた。やがて、その測ることもできない創造変化の作用を見た。そしてだんだんその造化の中に複雑微妙な関係（数）があること、それは違ふことのできない厳しいもの（法則・命令）であり、これに率ひ（一緒に行くこと）、これに服してゆかねば、生きてゆけないもの（道・理）であることを知つた」と述べておられます。

天そのものの存在を認めないがため天も天命も畏れることはないという人もいますが、我々が生きているこの現実世界では想像を遥かに超える現象が実際に沢山起きています。世に様々な現象は、複雑霊妙な因果の法則で成立しているものだと私は信じています。従って、高潔な義人であったとして「いつも誠実に努力すれば」天は必ず守ってくれる、というふうには必ずしもならないのかもしれません。

しかしこれだけは言えるのではないかと思うのは、誠実に一生懸命やっていますと御縁を得た人等々から色々な形でサポートを享受できる可能性も出てきて、そういう中で天の配剤が働いているが如き印象を得るといった部分があるということです。天を味方に付けているような気になるのは大いに結構で、そうして継続して善行を施して行けば良いでしょう。

世の中には運だけで偉業を遂げたという人もいるかもしれませんが、そうした人は極々稀でその殆どは多くの人間の支えを受け社会から重用されて成功に至るものです。そして彼らの足跡を訪ねてみれば、決して私利私欲のためには生きていません。

世のため人のためという気持ちを常に失わずにいる人が、結局天より守られて後世に偉大な業績を残しているのです。

（２０１６年８月26日）

明るい人、暗い人

▼発光体であり続けること

トップは常に発光体でなくてはいけません。トップが暗い顔をしていると（会社全体の雰囲気が悪くなり）会社の運気を悪くするだけです。だから常に明るい会社にしておく必要がありますし、そういう意味でも和《なご》みや安らぎが感じられる会社でなくてはいけません――これは、拙著『ビジネスに活かす「論語」』（致知出版社）第五章で「常に戦場にいる意識を持つ必要がある」と題して述べた一節です。

多くの人を引っ張って行くリーダーは、常に暗いという人ではリーダーとしては失格でしょう。リーダーという職責に在る人は、明るくなければその責任を果たし得ないとは言えるかもしれません。

昔、私のことを可愛がってくれた人に、八尋俊邦さんという方がおられました。三井物産で社長、会長を務められた方です。八尋さんは「ネアカ、のびのび、へこたれず」という名言を残されています。ネアカということはリーダーに限らず大切なことだと思います。もっとも、仕事によっては別に明るくなる必要性はありません。例えば「緑色蛍光タンパク質GFPの発見と開発」に対し、Martin Chalfie 博士（米）および Roger Y. Tsien 博士（米）と共に08年ノーベル化学賞を授与された、下村脩博士を考えてみましょう。

博士の場合「一家総出で、19年間に85万匹ものオワンクラゲを採集した結果がノーベル賞へ」と繋がって行きました。博士はクラゲを解剖し続け60年代に、オワンクラゲの発光源GFPを発見したのです。

そうして自分でずっと研究している下村博士のような方は、それ程明るい人間でなくても良いでしょう。仮に博士がいわゆる「暗い人」であるとしても、その暗い人が人類社会の発展に多大なる貢献を果たしたわけです。

人間やはりそれぞれに染み付いたものがありますから、明るいから良いとか、暗いから駄目とかとは必ずしも言えないでしょう。ただしリーダーは前述の通り、発行体で常に明るくある必要性があると言えるかもしれません。

『論語』の「衛霊公第十五の二」に、「君子固《もと》より窮《きゅう》す。小人窮すれば斯《ここ》に濫《みだ》る…小人は窮すると取り乱すが、君子は窮しても泰然としている」という孔子の言があります。

君子は常に定まった恒の心、恒心で乱れることがないのです。そして恒心を保っていればこそ、発光体であり続けることが出来るのです。また同時に、全体の雰囲気を和に持って行くことも出来るというわけです。

〈著者紹介〉

北尾吉孝（きたお・よしたか）

1951年、兵庫県生まれ。74年、慶應義塾大学経済学部卒業。同年、野村證券入社。78年、英国ケンブリッジ大学経済学部卒業。89年、ワッサースタイン・ペレラ・インターナショナル社（ロンドン）常務取締役。91年、野村企業情報取締役。92年、野村證券事業法人三部長。95年、孫正義社長の招聘によりソフトバンクに入社。

現在、SBIホールディングス株式会社代表取締役執行役員社長。また、公益財団法人SBI子ども希望財団の理事、SBI大学院大学の学長も務める。

主な著書に『実践版 安岡正篤』（プレジデント社）、『出光佐三の日本人にかえれ』（あさ出版）、『仕事の迷いにはすべて「論語」が答えてくれる』『逆境を生き抜く名経営者、先哲の箴言』（以上、朝日新聞出版）、『日本経済に追い風が吹いている』（産経新聞出版）、『北尾吉孝の経営問答！』（廣済堂出版）、『中国古典からもらった「不思議な力」』（三笠書房）、『強運をつくる干支の知恵』『ビジネスに活かす「論語」』『森信三に学ぶ人間力』『安岡正篤ノート』『君子を目指せ 小人になるな』『何のために働くのか』（以上、致知出版社）、『日本人の底力』『人物をつくる』『不変の経営・成長の経営』（以上、PHP研究所）、『人生の大義（共著）』（講談社）、『起業の教科書（編著）』『進化し続ける経営』『E-ファイナンスの挑戦Ⅰ』『E-ファイナンスの挑戦Ⅱ』『「価値創造」の経営』（以上、東洋経済新報社）、『北尾吉孝の経営道場』（企業家ネットワーク）など多数。

日に新たに

2016年11月23日　初版第1刷発行

著　者　北　尾　吉　孝

発行人　佐　藤　有　美

編集人　安　達　智　晃

ISBN978-4-7667-8608-8

発行所　株式会社　経　済　界

〒107-0052　東京都港区赤坂1-9-13 三会堂ビル

出版局　出版編集部☎03（6441）3743

出版営業部☎03（6441）3744

振替 00130-8-160266

http://www.keizaikai.co.jp

印刷　㈱光　邦